AUX ABOLITIONS

CODES NOIRS

DE L'ESCLAVAGE
AUX ABOLITIONS

Introduction de
Christiane Taubira

Textes présentés par
André Castaldo
Professeur à l'Université
Panthéon-Assas (Paris II)

Collection
À savoir
sous la direction de
Évelyne Pisier
et Olivier Duhamel

© Éditions Dalloz, 2006
ISBN 978-2-247-06857-9

SOMMAIRE

Les conventions internationales

INTRODUCTION

> *« Je veux toutes les mains des hommes
> pour pétrir des montagnes »*.
>
> Pablo Neruda

Les textes rassemblés ici contredisent et disent le monde tel qu'il va depuis longtemps son chemin de violence. Les Codes Noirs ne s'encombrent pas de pudeurs incongrues. Ils portent leur nom. Sur la peau du livre de Droit. Et sur la peau de l'homme asservi. Dans leur nudité brutale, les mots en titre lèvent tout malentendu. Les esclaves sont Noirs et le sont pour cette raison. Du moins *a posteriori*. Parce qu'à la longue, il faut une justification philosophique et morale au seul système économique basé sur l'exil massif forcé et sur le meurtre légal.

La peine de mort privatisée

L'esclavage n'a pas toujours existé ni partout. Il a longtemps et souvent été réservé aux peuples vaincus et aux personnes condam-

nées ou endettées. Il a été nourri par le rapt.
Le procédé était sauvage, basé sur la force ou
sur la ruse, aléatoire. Il servait à fournir les
harems et la domesticité au Maghreb. Il
approvisionnait fortement l'industrie du
sel, l'agriculture mésopotamienne, la culture
d'huîtres perlières dans la Mer rouge, les
champs de canne à sucre au Maroc et au Portugal, les palmeraies, les gisements aurifères
du Monomotapa. Il a frappé l'Afrique pendant des siècles. Il était lié au commerce de
l'or, de l'ivoire, de l'ambre gris, des animaux
sauvages. Il n'a pas d'excuses. On ne saurait
s'arranger de ce que certains hommes exercent sur d'autres « les attributs du droit de
propriété », tel que la Société des Nations a
défini l'esclavage en 1926.

La traite transsaharienne pratiquée par les
négociants arabes est condamnable, sans
ambages. La traite transocéanique est une
entreprise industrielle qui aménage les fonds
de cale des navires négriers de sorte à y tasser
le plus grand nombre d'hommes, de femmes
et d'enfants. Et les Codes Noirs instituent un
droit de mort du maître sur l'esclave qui, aux
Amériques, aurait tenté trois fois de quitter
l'enfer des plantations et pareillement dans
l'Océan indien, pour celui qui aurait frappé le
maître au visage. C'est la peine de mort pri-
vatisée et ce n'est pas la mort douce. Les

esclaves sont fouettés, lacérés, torturés, pendus ou brûlés, écartelés.

Le bétail humain

Avant d'en arriver là dans le Nouveau Monde, ils sont déportés d'Afrique, après avoir été razziés, capturés, y compris dans les villages de fond de forêt, puis acheminés entravés jusqu'aux barracons ou esclaveries côtières de Gorée, Ouidah, Loango, après l'ère de prospérité de Zanzibar. Ils sont vendus par lots, ce qui permet aux négriers de charger plus vite et aux intermédiaires de vendre plus facilement les enfants, adolescents et adultes faibles. Les jeunes filles sont souvent soumises au rituel de *l'appareillage*, viol par les matelots, acte d'abus immédiat et investissement pour le capitaine qui en escompte des grossesses, donc une valorisation de sa marchandise. L'acheteur vérifie l'état de vigueur de chacun et scrute scrupuleusement les dents et les yeux. À Ouidah se trouve encore un caveau à ciel ouvert où les esclaves étaient entassés et exposés aux intempéries. Ce caveau est entouré d'une fosse aux caïmans auxquels étaient jetés ceux qui, avant le terme des trois semaines d'entrepôt, montraient des signes de faiblesse. Un autre large caveau en sous-sol servait à préparer les esclaves à survivre aux semaines de navigation en fond de cale obscure. Ceux qui présentaient des troubles de la vue servaient à gaver les caïmans. L'arbre de l'oubli autour duquel les esclaves devaient tourner, sept fois pour les femmes et neuf fois pour les hommes, selon les chiffres magiques attribués à chaque sexe, témoignent du sérieux avec lequel intermédiaires africains et négriers européens considéraient le ciment culturel susceptible de favoriser les révoltes. La transaction conclue, le « bétail humain » est marqué au fer rouge. La traversée de l'océan (*the middle passage*) dure plusieurs semaines, au risque des tempêtes, des attaques de pirates et des insurrections d'esclaves.

Le regroupement en fonction de langues différentes et parfois de communautés rivales a probablement compliqué et retardé les rébellions mais ne les a pas toutes empêchées. Quelques mutineries sont demeurées célèbres, celle, tragique, racontée par Prosper Mérimée dans *Tamango* et celle, victorieuse, du voilier *Amistad*. Elles sont simplement paradigmatiques des fréquentes révoltes constatées. Les esclaves, enchaînés deux à deux, sont alignés tête-bêche pour en caser le plus possible et ils effectuent le voyage nus pour éviter la vermine et réduire le taux de mortalité principalement dû au scorbut, que les historiens évaluent entre dix et trente pour cent. Les femmes sont souvent violées par les marins la nuit ou le jour, dans la pénombre, à même le sol. Les captifs sont contraints de dormir sur le flanc pour encore gagner de la place, côté droit pour dégager le cœur. Tous les quinze jours, ils sont conduits sur le pont pour prendre quelque exercice en courant ou en dansant, sous l'œil vigilant de matelots armés. Ils ont souvent mis à profit ces moments, soit pour se jeter aux requins, soit pour tenter une révolte qui, en cas d'échec, était impitoyablement réprimée. C'est probablement sur le pont des navires négriers qu'ils ont commencé à mêler les rythmes européens à leurs chants et les quadrilles à leurs danses.

Des meubles

À l'arrivée aux Amériques, aux Caraïbes et dans l'Océan indien, ils sont vendus par lots ou séparément. La plupart des plantations domaniales ou privées, de canne à sucre, de tabac, de café, de cacao ou de coton, requièrent une abondante main-d'œuvre. L'exploitation des minerais précieux, or, argent et pierres, plus encore. La durée de vie des esclaves est d'environ dix ans, d'où le fort besoin de renouvellement par la traite. Certaines habitations sont spécialisées dans la reproduction. Au marché aux esclaves, les maîtres choisissent des hommes forts, beaux et vigoureux qu'ils instaurent étalons et

louent pour engrosser les femmes dans les
plantations fort consommatrices de main-
d'œuvre et fortement exposées au marron-
nage. Les fabricants de clichés y puisent une
explication rationnelle au prétendu vagabondage sexuel des Antillais, dont il n'est toujours pas démontré qu'il soit plus élevé que la
polygamie camouflée européenne.

Par l'article 44 du Code Noir, le roi de
France (ci-devant Louis quatorze), « statuant
et ordonnant pour tous les peuples que la
divine providence a mis sous son obéissance »
déclare « les esclaves être meubles et comme
tels entrer dans la communauté ». Ces biens
meubles seront insérés dans le cheptel, tant
dans les livres de comptes que lors des
enchères, saisies, héritages ou transmissions
– à condition d'avoir survécu aux multiples
sévices autorisés aux articles 18, 34 à 38, 42 et
58. Doit-on croire que toutes ces autorisations
de fouetter, d'enchaîner, de mutiler et d'assas-
siner étaient compensées par l'article 54 qui
« enjoint aux gardiens nobles et bourgeois
usufruitiers de gouverner les esclaves comme
bons pères de famille » ? C'est probablement
l'avis de ceux qui prétendent encore que le
Code Noir fut rédigé pour améliorer le sort
d'esclaves soumis à des maîtres féroces. Joli
progrès !

Peau noire

Il demeure que le Code Noir scelle le sort des esclaves noirs. Il n'y a aucune ambiguïté à ce propos. Ni chez les rédacteurs du décret de 1794 qui « abolit l'esclavage des *nègres* et déclare que tous les hommes, *sans distinction de couleurs*, sont citoyens français ». Ni chez Bonaparte premier Consul qui rétablit en 1802 l'esclavage et « la traite des *noirs* conformément aux lois et règlements existant avant 1789 ». Ni chez Napoléon du même nom qui, en préambule de l'extension en 1805 du Code civil considère que « de tout temps on a connu dans les colonies la *distinction des couleurs*, qu'elle est indispensable dans les pays d'esclaves... ». Ni chez Richepance, général des armées napoléoniennes chargé de rétablir l'esclavage en Guadeloupe et qui dans son arrêté de 1802 considère que « les colonies ne sont autre chose que des établissements formés par les Européens qui y ont amené des *noirs* comme les seuls individus propres à l'exploitation de ces pays ».

Ni davantage, avec un autre état d'esprit bien entendu, chez Victor Schoelcher qui proclamait que « le suffrage universel, en rapprochant le Blanc et le *Nègre* est un des plus efficaces, un des plus puissants moyens d'opérer la fusion des races ». À quoi des colons lui rétorquaient dans *Le Moniteur de la Réunion* que « les élections ne peuvent qu'exercer l'influence la plus fâcheuse sur le moral des affranchis et il faut épargner à l'urne française l'humiliation de recevoir des suffrages *africains* ». C'était en 1849 ! Quelques années plus tôt, le Conseil Spécial de la Martinique, exclusivement constitué de propriétaires d'habitations, s'offusquait des intentions abolitionnistes en ces termes : « De quoi s'agit-il, en effet ? De l'abolition de l'esclavage, d'un acte sans exemple à nos jours dans l'histoire des nations chez lesquelles pourtant l'esclavage a cessé sans inconvénient et sans laisser après lui la moindre trace. Mais ici, la question est plus grave encore, car il s'agit uniquement de la *race noire*, qu'on veut appeler avec le temps au même état que la *race blanche* en la faisant participer à la jouissance des droits civiques et des droits politiques, en lui donnant accès dans les emplois publics et place sous les drapeaux de l'armée, en la fusionnant pour ainsi dire avec la race blanche, et en s'exposant ainsi à verser dans le sang européen des altérations que les siècles seuls pourront effacer » (1841).

Des infortunés

Il est vrai qu'au siècle des Lumières, le commerce des esclaves atteint ses pôles de prospérité, plaçant la France à la deuxième place des puissances négrières. Que signifie alors que Louis Delgrès, colonel guadeloupéen qui s'oppose au rétablissement de l'esclavage et combat les troupes de Richepance, dans un texte somptueux publié le 10 mai 1802 et intitulé « À l'univers entier, le dernier cri de l'innocence et du désespoir » commence par ces lignes : « C'est aux plus beaux jours d'un siècle à jamais célèbre par le triomphe des Lumières qu'une race d'infortunés... ». Race d'infortunés. Pas race noire. La formule n'est pas accidentelle puisque le même texte affirme que cette cause « est celle de la justice et de l'humanité ».

Toussaint-Louverture également dépasse le champ de la race lorsqu'il noue des solidarités avec Simon Bolivar et qu'il inscrit dans la première constitution d'Haïti la liberté de droit pour toute personne foulant le sol de cette terre libérée. Une légende prétend que le drapeau bleu et rouge d'Haïti provient d'un incident de guerre. Des troupes napoléoniennes conduites par le général Leclerc dépêché par Napoléon pour rétablir l'esclavage en 1802 s'étonnèrent de ce que les soldats haïtiens donnaient l'assaut au rythme d'un clairon portant l'étendard bleu blanc rouge. Toussaint, qui avait rompu ses accords avec les Anglais et les Espagnols pour se rallier à la Révolution française et à la Déclaration des Droits de l'homme et du citoyen, conservant ainsi à la France la prospère colonie de Saint-Domingue, vexé de cette remarque, arracha dit-on la bande blanche du drapeau. Déjà en ce temps-là, il coûtait très cher de s'affranchir d'une tutelle européenne. Alors que les esclaves de Saint-Domingue avaient supprimé l'esclavage dès 1791 par une insurrection réussie, Polverel et Sonthonax, émissaires de la Révolution n'avaient pu que constater la liberté des esclaves et proclamer pour la forme l'abolition dès 1791, trois ans avant les autres colonies françaises. Toussaint-Louverture avait consenti à maintenir sur Saint-Domingue la souveraineté française à condition de liberté et d'égalité pour tous. Le général Leclerc sera vaincu militairement avant d'être terrassé par la fièvre jaune. Auparavant, il usera d'un stratagème qui mènera Toussaint désarmé en exil au fort de Joux dans le froid Jura où il périra. Les lieutenants Maurepas et Dessalines poursuivant la lutte sur place affronteront le général Rochambeau, successeur de Leclerc, qui utilisera des *buscadores*, chiens bouledogues entraînés à dévorer des nègres, importés d'un élevage espagnol à Cuba. Rochambeau sera néanmoins vaincu à Vertières en novembre 1803 et Haïti proclamera son indépendance le 1er janvier 1804.

C'est en avril 1825, soit vingt-deux ans après une indépendance effective et conquise que le roi de France, Charles X, condescendra à reconnaître l'indépendance d'Haïti à raison du versement de cent cinquante millions de francs-or en cinq termes annuels, soit l'équivalent de la moitié du budget de la France chaque année. Cette subvention est censée « pourvoir à l'intérêt du commerce français et compenser les malheurs, réparer les pertes financières des anciens colons » privés de leurs esclaves par l'indépendance. Le monde était constitué alors de quelques grandes métropoles, nations libres, et de nombreuses colonies qui composaient la constellation des empires coloniaux. N'étant reconnue par aucun autre pays et cernée par les accords entre puissances coloniales, Haïti ne pouvait ni commercer, ni établir de chancelleries à l'étranger, ni défendre ses ressortissants. Les autres nations privilégiaient leurs rapports avec la France par intérêt commun et probablement pour ne pas valider une colonie devenue libre par la voie la plus périlleuse qui soit pour l'ordre du monde, une lutte de libération. Mauvais exemple.

Le seul précédent avait été la rupture des treize colonies nord-américaines d'avec l'Angleterre, mais différence de taille, la guerre d'indépendance des États-Unis n'avait pas abouti à l'abolition de l'esclavage. L'ordre du monde n'en était donc pas affecté. Ce monde-là est en noir et blanc et ceux qui le dominent l'assument comme tel. La violence est ordinaire et codifiée. Le racisme précède, suit et explique les rapports sociaux en parasitant l'anthropologie, la philosophie, la sociologie, l'histoire, la morale, les doctrines religieuses et même les sciences. Que dire des coquetteries envers certains mots qui produisent aujourd'hui d'étonnantes retenues face à d'irréductibles réalités, de sorte que la couleur a en France cet étrange pouvoir de rendre invisible, qu'on ne dit pas Noir mais Black, qu'un Arabe devient sémantiquement un Maghrébin ou, plus insolite, un Musulman ?

Baptiser les esclaves

Aux temps de la conquête coloniale qui accapara les territoires des Amériques, des Caraïbes et de l'Océan indien, décima les Amérindiens et initia la traite négrière, puis de celle qui s'empara de territoires en Afrique et au Maghreb, instaura le travail forcé et le code de l'indigénat, on parlait clair. Césaire dit que les « baveurs » sont venus plus tard, que « ni Cortez découvrant Mexico du haut du grand téocalli, ni Pizarre devant Cuzco (encore moins Marco Polo devant Cambaluc), ne protestent d'être les fourriers d'un ordre supérieur. Ils tuent, pillent, ont des casques, des lances, des cupidités ». Césaire accuse le « pédantisme chrétien ». En effet, l'Église n'est pas en reste. Pas seulement parce qu'elle possède des plantations cultivées par la main-d'œuvre servile et perçoit de l'État une dotation *per capita* pour chaque esclave baptisé et convaincu des vertus de la soumission en échange d'une place au paradis céleste. Elle est au diapason parce qu'aux temps de l'esclavage, les rois règnent sur les duchés, principautés et fiefs puis sur leur nation, tandis que la papauté règne sur le monde chrétien, soit l'Europe conquérante, ses colonies, ses vassaux et ses sujets.

Le premier Code Noir est promulgué l'année de révocation de l'Édit de Nantes, assurant la suprématie catholique dans un royaume qui se rêve de confession homogène. Par son article premier, reprenant l'Édit royal du 23 avril 1615, il prononce « l'expulsion en trois mois de tous les Juifs résidant dans les colonies, sous peine de confiscation de corps et de biens ». Et dès l'article deux, il est fait obligation de baptiser les esclaves. L'Église est bien l'autorité suprême. Le préambule du Code Noir évoque d'ailleurs la « discipline de l'église catholique, apostolique et romaine ». Son pouvoir spirituel, bien calé dans des fortunes, des patrimoines et des réseaux temporels s'étend par-delà les méridiens et parallèles connus. *Terra incognita* et *mare nostrum* postulent que les frontières sont affaire de navigation et de force. Le premier arrivé plante bannière et armoiries, nomme et exploite.

C'est la bulle Romanus Pontifex émise en 1454 par le pape Nicolas V qui donne le coup d'envoi officiel et légal de la traite en autorisant le roi du Portugal, Alfonso V, à pratiquer le commerce du « bois d'ébène » (*black ivory* pour les Anglais), nom inspiré par la couleur des esclaves africains. Le Portugal et l'Espagne prennent vite l'initiative de la traite et enregistrent une avance d'un siècle sur les Anglais, les Danois et les Suédois, cent vingt ans sur les Français, un siècle et demi sur les Hollandais.

L'Espagne s'y prendra par trois fois en 1768, 1769 et 1783 pour passer de ses ordonnances, lois, règlements et brevets de 1571 parfois contradictoires, à un *Codigo negro*. À Valladolid, le père dominicain Bartolomé de las Casas tentera, face au théologien Juan Ginès de Sepulveda, de convaincre les rois catholiques d'Espagne de limiter l'*encomienda*, asservissement des Amérindiens, en plaidant que ces derniers ont probablement une âme, que leurs multiples dieux doivent bien les conduire tôt ou tard au Dieu tout-puissant, qu'il conviendrait de les dispenser de l'esclavage, et concomitamment, de les remplacer par de vigoureux bras venus d'Afrique.

C'est la Bible qui fournit la fable de la malé-
diction de Cham, fils irrespectueux de Noé,
dont la descendance aurait été condamnée à
servir la descendance de ses frères. Les exé-
gètes se disputent encore pour savoir à quel
moment et par quel procédé Cham est devenu
noir. Le fait est que les Kémites sont « brûlés
par le soleil ». Les Kémites descendent de
Cham comme les Sémites de Sem, frère de
Cham et Japhet. Les conflits de religion déter-
minent les rapports de force et les querelles
sont arbitrées par l'Église. La bulle *Inter Coe-
tera* du pape Alexandre VI définit en mai 1493
une ligne de partage des Amériques très favorable aux rois d'Espagne. Les rois du Portugal qui avaient coutume d'être favorisés par les
papes Nicolas V et Calixte III ayant pro-
testé, le traité de Tordesillas leur accorde en
juin 1494 l'est de l'Amérique et l'ouest de
l'Afrique. Voilà pourquoi le Brésil, qui s'étend
néanmoins sur quarante pour cent du conti-
nent sud, est lusophone, de même que le
Mozambique et le Cap Vert en Afrique, alors
que tous les autres pays d'Amérique du sud
et d'Amérique centrale sont hispanophones.
Officiellement, cela s'entend, car cette Amérique que l'on dit latine est fondamentalement
indienne, métisse et noire.

L'arrivée de concurrents tonitruants va
compliquer cet ordre binaire du monde. Les
Anglais, engagés dans la Réforme, contestent

l'autorité pontificale. Sur le fondement des libertés économiques et commerciales formulées par le protestantisme, ils engagent conquêtes et implantation dès 1559. Aujourd'hui, non seulement la Caraïbe est majoritairement anglophone, comme l'Afrique de l'Est, mais la reine d'Angleterre demeure le Chef de l'État et la Cour Suprême d'Angleterre l'instance de dernier recours pour les litiges judiciaires qu'ont à connaître ces pays indépendants, membres du Commonwealth. Officiellement aussi, cela s'entend, car les pays caribéens sont d'abord créolophones et les langues natives africaines demeurent le moyen d'expression et de communication de la très large majorité des populations.

Le partage du monde

Quant à la France, François Ier dont le sens du pouvoir le conduit à s'allier aux princes protestants allemands et aux Turcs malgré les objections de l'Europe catholique, se montrera fort instruit des codes culturels dominants en demandant « quelle clause du testament d'Adam exclut la France du partage du monde ». Mais c'est seulement à partir de 1570, par l'achat de licences (les *asientos*) auprès de l'Espagne qui détient encore le monopole des droits de traite, puis par ses lettres patentes, que le royaume de France se lancera dans l'expansion coloniale. Sa participation devient systématique à partir de 1640. Louis XIV essaiera mais échouera à convaincre les Hollandais de conclure une sorte de communauté économique européenne pour répartir le marché de l'approvisionnement et celui des débouchés entre les cinq puissances maritimes d'alors, le Portugal, l'Espagne, l'Angleterre, la Hollande et la France.

Pour l'approvisionnement, une espèce de *gentleman'agreement* découpera les côtes africaines en zones d'opération de la Mauritanie à la Sierra Leone pour la France, le Congo et l'Angola pour le Portugal, la Gold Coast et le Dahomey pour l'Angleterre, la Hollande et le Danemark, la Côte d'Ivoire pour la Hollande. Ces aires d'influence varieront selon la fortune des compagnies de monopoles, sociétés transnationales avant la lettre. Pour le reste, c'est la concurrence qui prévaut, impitoyablement.

Tout est bon pour consolider une position commerciale et tout devient prétexte à affrontement : la guerre de succession d'Espagne, le contrôle des mers, les territoires fertiles ou stratégiques (l'Acadie, Terre-Neuve), l'*asiento*, l'Ouest d'Hispaniola (cédé à la France par le traité de Ryswick de 1697), l'implantation à Gibraltar et Minorque (qui revient aux Anglais par le traité d'Utrecht en 1713), la

Nouvelle-France (les « quelques arpents de neige » cédés aux Anglais par le traité de Paris de 1763), la Nouvelle-Orléans (qui passe de la France à l'Espagne puis à nouveau à la France avant d'être vendue par Napoléon aux jeunes États-Unis), l'Île Maurice (Île de France passée sous contrôle britannique). Les puissances européennes inaugurent ainsi une longue période de rivalités où le déplacement du centre nerveux du capitalisme expansionniste naissant, de la Méditerranée vers l'Atlantique permettra bientôt aux villes portuaires de Liverpool, Londres, Glasgow, de Nantes, Bordeaux, La Rochelle, d'Amsterdam, Rotterdam, Hambourg, et de Glückstadt, de supplanter progressivement Lisbonne et Madrid.

Ces rivalités épousent l'intensité des progrès technologiques et préparent les guerres meurtrières du vingtième siècle. Au regard de l'intense influence et de la dense implication de l'Église, c'est l'honneur de l'abbé Grégoire, défenseur de l'émancipation des Juifs, d'avoir rédigé le décret d'abolition du 4 février 1794 sous l'autorité de la Convention. C'était cinq ans après la Révolution française qui, toute à son euphorie pour les hommes et citoyens qui « naissent et demeurent libres et égaux en droits » avait oublié et les esclaves et les femmes. C'est aussi l'honneur de l'abbé Grégoire d'avoir continué à dénoncer la traite négrière après le rétablissement de l'escla-

vage par Napoléon, en la qualifiant en 1822 de « commerce homicide ». Guillaume Raynal, père jésuite avait quant à lui été contraint à l'exil en Russie pour avoir critiqué la colonisation. En 1990, le pape Jean-Paul II s'est incliné à l'île sénégalaise de Gorée et a demandé
pardon pour la part prise par l'Église dans ce trafic humain.

L'outre-mer

La France aussi a eu son Commonwealth. Son pré carré. Ses pays du champ. Avant l'actuel territoire fort varié de l'organisation internationale de la francophonie où quarante pour cent des pays membres et cent pour cent des observateurs n'ont pas le français pour langue officielle, l'Union française rassemblait ce qu'il restait de l'empire colonial, avant les ruptures consacrées à Diên Biên Phu et à Sétif. Ainsi, le préambule de la Constitution de 1946 énonce que « la France forme avec les peuples d'outre-mer une Union fondée sur l'égalité des droits et des devoirs, sans distinction de race ni de religion ». Cette pétition n'est pas que de petits principes. L'envolée suivante en témoigne puisque « L'Union française est composée de nations et de peuples qui mettent en commun ou coordonnent leurs ressources et leurs efforts pour développer

leurs civilisations respectives, accroître leur
bien-être, assurer leur sécurité ».

L'intention est honorable, l'action fut
déplorable. Car les « peuples d'outre-mer » ne
sont pas à entendre selon la réalité présente.
Ils ne concernaient pas que les quatre vieilles
colonies de Réunion, Martinique, Guadeloupe, Guyane, devenues départements français lorsque l'État a enfin adapté le statut
institutionnel des territoires au statut virtuel
des habitants, un siècle après l'abolition de
l'esclavage, au terme de cette expérience trou-
blante d'affranchis promus citoyens français
en 1848 et demeurés pourtant sujets de colonies jusqu'en 1946.

L'outre-mer du préambule constitutionnel
recouvrait alors toute l'Afrique francophone
qui, sur la base de la loi-cadre de 1956 pilotée
par Gaston Defferre, préparait son accession à
l'indépendance, à l'exception notable de la
Guinée (Konakry) conduite par Sékou Touré
dont le « Non » au référendum organisé par le
général de Gaulle en 1958 vaudra rupture.

C'est ce vaste outre-mer qui était visé par
l'article 4 de la loi du 23 février 2005 sur
le rôle positif de la présence française. Ce
concept d'outre-mer a d'ailleurs connu des
fortunes diverses. Au début du dix-neuvième
siècle l'Allemagne et la France sont traitées
d'outre-mer par les Russes qui les toisent par-
dessus la Mer baltique et la Mer du Nord.

Alexandre Pouchkine, réputé premier des poètes russes – dont on enseigne peu que petit-fils d'Hannibal l'Africain, Chef des Armées du Tsar, il était métis – écrit dans *Le Nègre de Pierre Legrand*, roman où il décrit une famille russe conservatrice : « Son père, malgré sa haine pour les importations d'outre-mer, ne sut pas résister à son désir d'apprendre les danses allemandes ». Ce qu'il aggrave un peu plus loin dans le portrait de ce jeune Russe revenu de ses études à Paris avec les manières et l'élégance de la capitale française et que l'aristocratie russe surnomme « macaque d'outre-mer ».

Hors ce lapsus ou cette fourberie de l'Histoire et à tort, l'outre-mer français est considéré comme une périphérie. Pourtant, même rétréci à neuf départements et territoires, il représente des expériences de peuples et de cultures dans la Caraïbe (Martinique et Guadeloupe), en Amérique du Sud (Guyane), en Amérique du Nord (Saint-Pierre et Miquelon), dans l'Océan indien (Réunion et Mayotte) et dans le Pacifique (Nouvelle-Calédonie et Polynésie). La Polynésie, à elle seule, recouvre un archipel s'étalant sur l'équivalent de la surface de l'Union européenne. Ces îles des trois océans et le littoral amazonien guyanais propulsent la France au rang de troisième puissance maritime mondiale, lorsque ses seules façades atlantique et méditerranéenne

la classeraient en quarantième position. C'est
en disposant du territoire polynésien qu'elle
est devenue une puissance nucléaire et
c'est par quelques expulsions de familles
rurales guyanaises qu'elle a pu s'installer en
puissance spatiale. Mayotte, détachée des
Comores, permet d'accéder au canal du
Mozambique, l'un des plus vastes lagons du
monde. La Réunion fait voisinage avec Madagascar et l'imposante Afrique du Sud. C'est
de ces territoires à l'homonymie déconcer-
tante que la France déploie sa superbe dans le
monde, se maintient dans le jeu industriel
minier et pétrolier, se soucie de la protection
des barrières de corail, peut se mêler des
grandes affaires du monde et de tous les ras-
semblements de bassins régionaux, participe
à la compétition feutrée et furieuse pour les
ressources halieutiques, minérales, énergé-
tiques, concourt pour les capacités de police
et les bases militaires, et qu'elle garde toutes
chances de ne pas être larguée lorsque le
pouls du monde se sera durablement déplacé
dans le Pacifique.

C'est aussi d'outre-mer que lui sont venus
ces immenses écrivains, femmes et hommes,
qui ont revigoré la littérature, réenchanté l'expression française par une pensée qui se
désaltère aux carrefours du monde, abattu les
remparts de style, innervé le genre essai
et bouleversé la perspective romanesque,

désenclavé la narration du corps, dédrama-
tisé l'identité plurielle qui s'abreuve à de multiples sources culturelles. Énorme.

L'humanité commune

Et pourtant, là n'est pas l'essentiel, au
regard des enjeux contemporains. Les
peuples de l'actuel outre-mer français, cette
espèce de zone grise où la décolonisation est
restée dans l'entre-deux, conservent une per-
méabilité au malheur des autres. Peut-être
parce que la nostalgie gourmande qu'inspiraient les ébranlements lointains annonçant
le démantèlement de l'empire colonial a pris,
avec le temps, un léger goût d'absinthe. Sans
doute aussi parce qu'ils ont compris qu'entre
anciens colonisés et anciens colonisateurs,
l'Histoire est commune et gagne à être écrite à
plusieurs mains.

Les langues de contact, les Créoles, sont
une œuvre tissée ensemble, dans la tension et
la relation. Elle est horizontale, depuis ces ins-
tants divers où, d'une colonie à l'autre, la soli-
darité et l'engagement ont rappelé le rêve
commun de liberté. Toussaint-Louverture
et Simon Bolivar entre Haïti et la Grande
Colombie, les Quilombos, communautés
libres de nègres marrons au Brésil et leurs
émissaires envoyés au Bénin, Frantz Fanon,
Boukman et d'autres traversant la frontière

de l'indéfendable et choisissant la libération
de l'Algérie, les dockers algériens refusant de
charger le matériel militaire à destination du
Vietnam, Abd El-Krim appelant les soldats
maghrébins en poste en Indochine à changer
de camp.

Cette Histoire est aussi transversale, grâce à
des hommes comme Henri Alleg, Maurice
Audin, les objecteurs de conscience, les déser-
teurs, le général de Bollardière et bien des
années plus tôt, Bethezène, Thomas Ismaël
Urbain, chacun à une place singulière et avec
un immense courage, rappelant l'humanité
commune. Elle est également verticale parce
que l'imbrication et l'intrication entre la
société asservie et les castes dominantes, à travers le contact quotidien des ordres, des
sévices, de la domesticité, de la séduction, la
fréquentation des bordels, le dialogue social
impromptu, produisent une connaissance
partagée, révèlent inopinément le socle d'un
même idéal, inventent parfois l'amour.

Parlant d'une vieille terre ayant connu
esclavage, colonisation et néo-colonisation,
Édouard Glissant et Patrick Chamoiseau
avouent que « cette interminable douleur est
un maître précieux : elle nous a enseigné
l'échange et le partage ». C'est un joli sen-
tier pour quitter la vision manichéenne du
monde, délester de leur légitime ressentiment
ceux dont on a dévasté les terres et les

consciences, prendre au collet les préjugés enfouis dans l'imaginaire colonial.

Les peuples de l'outre-mer français savent que les séquelles de la violence d'État, de l'oppression, de l'humiliation restent longtemps nichées dans l'inconscient qui transporte l'émotivité du corps et les écorchures de l'esprit. Le corps garde ainsi ses habitudes primordiales. Cette propension à trouver le sommeil couché sur le flanc droit, comme dans la cale du négrier. Ce goût, prégnant dans toutes les diasporas noires, pour la morue séchée et desséchée, pour les salaisons et les extrémités museau, queue et pieds de porc, seuls morceaux de viande réservés aux esclaves. L'esprit continue de receler des frayeurs et des aversions immémoriales. Cette raideur panique devant les gros chiens, vite réfrénée mais si soudaine, comme si se poursuivait la course devant les molosses lancés aux trousses des ancêtres nègres marrons. Cette rage qui nous saisit collectivement chaque fois qu'un « Blanc » donne un coup de pied à un « Nègre » comme au temps honni des abus impunis après l'abolition. Cette transe qui nous enveloppe dès que se trament des ventes aux enchères de documents et objets relatifs à la traite, comme si nous revivions le marché aux esclaves. Nous savons, d'outre-mer, ce que c'est que de buter sur les vestiges de l'Exclusif colonial qui, du sud au nord, relient les anciennes colonies à leurs anciennes métropoles, sans facilités de contacts avec les pays voisins, sans possibilités de rayonnement régional. Nous savons pourquoi les flux migratoires suivent les chemins des langues et des anciennes dominations. Nous savons ce qu'il en coûte de tenter de transgresser l'interdit d'industrialisation formulé par Colbert (« pas un clou ne doit sortir des colonies »). Nous savons que le renoncement à soi s'il est volontaire mène à l'aliénation, s'il est imposé force à l'assimilation, deux pathologies inhibitrices ou chargées de fureur différée. Deux impasses.

Les outre-mers de France, toutes ces parties du monde où elle s'est aventurée pendant trois siècles, sont désormais sur le territoire de France. Ils irriguent ses capacités à répondre aux nouvelles nécessités d'une République qui cesserait d'être archaïque, mythique et mystificatrice pour se fortifier aux vents et aux vagues des fortes espérances et des justes colères de ceux qui ne renoncent pas à l'égalité. Et tant qu'elle ne tiendra pas à leur égard les promesses de sa devise, ils seront fondés à l'interroger sur ses brutalités originelles, sur l'ombre de ces Codes Noirs qui inspiraient le Code de l'indigénat précisément au moment où la France se dotait de lois garantissant libertés publiques et libertés individuelles et d'une législation laïque qui démocratisait l'école. Il leur sera permis de pointer sans pitié sa déplorable manie de l'exception au Droit qui dicta l'ordonnance de 1960[1] outremer et a récemment suggéré le couvre-feu dans ses banlieues. Ils seront en état de lui rappeler qu'elle est la *res publica*, la chose publique, leur bien commun, qu'elle n'a pas vocation à être l'otage des conforts, des conformismes et des conservatismes, qu'elle ne peut impunément couvrir les exclusions et les injustices tolérées ou organisées par ceux qui dévoient l'appareil d'État.

Les citoyens d'outre-mer et ceux des banlieues de France ont la fâcheuse habitude de prendre au sérieux les mots, surtout lorsqu'ils ont de belles sonorités et une fragrance magnanime. Comme ceux de l'article 2 de la Déclaration des droits de l'homme sur les « droits naturels et imprescriptibles de l'Homme » en majuscule, « la liberté..., la résistance à l'oppression ». Après l'abolition, les affranchis ont cru à la citoyenneté. Ils s'en savaient dignes parce qu'ils l'avaient

---

1. L'ordonnance de 1960, dite ordonnance Debré (Michel), autorisait le préfet à expulser tout fonctionnaire considéré comme menaçant pour l'ordre public. C'est ainsi qu'Édouard Glissant, Yves Leborgne et d'autres intellectuels souvent membres du parti communiste ont été bannis par les préfets de Martinique, Guadeloupe, Guyane et Réunion et « exilés » en France.

conquise. Schoelcher lui-même, abolitionniste convaincu, en convenait, expliquant en 1842 « qu'il ne s'agit plus d'examiner si les esclaves sont dignes des droits politiques, il s'agit de les en investir parce qu'ils sont capables de s'en emparer eux-mêmes si l'on différait, et cela montre assez qu'ils le méritent. Quoi que l'on ait pu faire pour les abrutir, ils ont crû dans l'esclavage pour l'indépendance, et si on ne les émancipait pas de bonne grâce, ils ne tarderaient guère à s'émanciper tous seuls ».

La part des femmes

Dans cet ouvrage de démolition de l'économie de plantation, les femmes ont pris une part considérable. Elles furent à la fois temples préservant les savoirs empiriques et les mémoires, et pirogues assurant la traversée des temps et des lieux, tout ensemble roc et cours d'eau. Guérisseuses, avorteuses, empoisonneuses, enjôleuses ou incendiaires, elles œuvrèrent à la ruine du système esclavagiste. Prêtresses et conteuses, elles ont chanté la grandeur du misérable en haillons dépouillé de son humanité et, expulsant le désarroi, elles l'ont rétabli maître de sa peur et de sa dignité.

À l'abolition, à l'avènement de la République, elles manœuvrèrent pour assurer une meilleure destinée à leur descendance. Les résidents des cités croient que la République doit et peut garantir l'égalité des droits avec la même ferveur que ces affranchis qui crurent à l'égalité et à la liberté, patientèrent longtemps pour ces deux-là et en attendant firent fleurir la fraternité sur ces anciennes terres de violente oppression. Sans revanche ni rancœur. Mais ils expriment tous aujourd'hui une exigence incompressible de vérité, de respect et de dignité.

La vérité assumée

Par ses institutions les plus prestigieuses, la République française s'est engagée dans la voie de cette vérité assumée. En 2001, elle a donné un nom et un statut au crime. « Il y a crime contre l'humanité quand l'humanité de la victime est niée, en clair et sans appel » assène André Frossard. « L'atteinte à la vie n'est pas nécessaire à la définition d'un crime qui peut prendre d'autres formes, telles que la réduction en esclavage, la déportation, les persécutions... » précise Mireille Delmas-Marty.

Il n'est pas surprenant que la maturation de ce dit ait commencé outre-mer et que les laissés-pour-compte des quartiers s'en soient emparés pour consoler leur impatience. Il serait coupable d'en sous-estimer la portée.

Que des intellectuels protestent contre un texte qui encourage et favorise la Recherche et la Coopération est déconcertant mais probablement passager. Il est plus étonnant que les travaux universitaires sur ces sujets entrepris par d'incontestables pionniers demeurent des disciplines et thématiques mineures.

Expliquer la France, la construction de l'identité nationale, son histoire et son économie, sa géographie et sa sociologie, sa superbe et sa diplomatie, son avance dans les sciences tropicales, le fumet grandiloquent de sa parole lorsqu'elle s'adresse au monde sans considérer ses trois siècles de présence au monde, c'est écarter un précieux matériau et mal comprendre la présence du monde sur son territoire, l'influence du monde sur ses lois et ses débats, sa persévérante notoriété et son rayonnement dans l'imaginaire universel.

Il est des batailles que l'on ne livre jamais trop tôt et qu'il ne faut surtout pas livrer trop tard. Il est des causes entrelacées dans le temps et dans l'espace. Ainsi en est-il du combat pour la liberté. Contre toute forme d'esclavage ou de servitude. Ce combat est réputé légitime par tous les textes internationaux depuis au moins soixante ans. Pourtant, le chantier demeure immense. « La dignité humaine est inviolable » rappelle la Charte des droits fondamentaux de l'Union européenne. Ce postulat tranchant, premier article et première phrase de la Charte, condamne irrévocablement toute fantaisie culturelle ou toute argutie d'État attentatoires à cette dignité. La dignité humaine. Consubstantielle à tout homme. Elle nous assigne, nous enjoint de porter le fer de cette éthique jusqu'où portent nos yeux et notre entendement. Très loin. Car « la terre nous est étroite. Elle nous accule dans le dernier défilé et nous nous dévêtons de nos membres pour passer » comme fredonne Mahmoud Darwich.

Christiane Taubira

Présentation

L'esclavage au profit des Européens est une conséquence de l'expansion coloniale. Il participe de la « supériorité » de l'homme blanc, venu répandre, comme il se plaît à le dire, les bienfaits de la religion chrétienne et, plus tard, de la « Civilisation ». Dispensateur de ces avantages, n'est-il pas légitime qu'il en tire profit ?

Les Européens n'ont certes pas inventé l'esclavage ; ils l'ont trouvé en pleine vigueur en Afrique. Mais l'insatiable « *soif d'esclaves* » des colons, Portugais en tête dès le XVe siècle, a produit un résultat tout à fait inédit. La traite atlantique a, non seulement transformé quantitativement l'esclavage, mais a aussi permis de l'institutionnaliser comme jamais il ne l'avait été depuis l'Empire romain. En France même, l'esclavage n'a même jamais disparu, dans la partie méridionale du royaume notamment. Cette tolérance n'a pas été expliquée. Mais la nouveauté est, évidemment, dans les colonies, l'accroissement inouï du nombre des esclaves et leurs conditions de travail inhumaines.

Traite et esclavage figurent au premier rang des ignominies humaines. L'œil du juriste est incapable de rendre compte de façon exhaustive des réalités historiques et de leur complexité ; du moins, l'appréhension de l'esclavage, tel qu'il apparaît dans des **textes français de droit interne (I)**, permet-elle de s'en faire une première idée et, surtout, de connaître la pensée officielle de l'époque, tant dans l'acceptation de l'esclavage que dans ses deux abolitions successives. Une fois l'esclavage supprimé (la traite elle-même ayant précédé cette mesure), en France et généralement dans toutes les possessions des puissances coloniales, on s'est aperçu que d'autres formes de sujétions, plus pernicieuses quelquefois, continuaient à exister. Dès lors, le combat pour la dignité humaine, quittant les vieilles puissances anciennement esclavagistes, a pris une dimension mondiale : une nouvelle lutte s'est donc engagée, scandée par des **conventions internationales** auxquelles la France est partie **(II)**.

I. – Le droit français

Toutes les colonies françaises sont « à esclaves », car de plantations. La plus importante, Saint-Domingue, compte ainsi 450 000 esclaves, 40 000 blancs et 30 000 hommes « de couleur » libres. L'histoire succincte de l'esclavage français par quelques textes doit, d'abord, illustrer la mise en place officielle du système, en tant qu'organisation sociale et économique et, essentiellement ici, juridique (**A.** L'Ancien régime). Une seconde étape, qui va de 1789 à 1848 (**B.** D'une Révolution à l'autre) rappellera le conflit entre l'idée de liberté et les intérêts acquis. Enfin, la loi du 21 mai 2001 tendant à la reconnaissance de la traite et de l'esclavage en tant que crime contre l'Humanité vient récemment de considérer l'histoire de l'esclavage français à la lumière de cette notion (**C.** Le regard contemporain sur l'esclavage).

A. L'Ancien régime

1°) Le Code noir de 1685 (*texte 1*), tristement célèbre (de même que le code espagnol), est l'une des cibles faciles des belles âmes contemporaines en quête de repoussoir. Stigmatiser aujourd'hui avec violence l'ordonnance sur la police des îles d'Amérique a pourtant bien peu de mérite : qui, dans la France contemporaine, admettrait l'esclavage ? En revanche, bien peu des pourfendeurs actuels du Code noir, s'ils avaient vécu au XVIIᵉ siècle, ou même encore au XVIIIᵉ siècle, n'auraient bien probablement rien trouvé à lui redire. La question se déplace donc du champ des responsabilités et des morales

individuelles vers un autre lieu, aux contours
déroutants : comment comprendre que l'esclavage ait été sans difficulté admis très large-
ment en France (et ailleurs) ?

L'une des grandes interrogations porte sur
l'attitude de l'Église face à l'esclavage, d'autant que le Christianisme premier a trouvé un
large écho auprès de la classe servile. Il est
pourtant exact que le principe d'égalité des
hommes devant Dieu (« *Il n'y a plus ni esclave,
ni homme libre* », saint Paul, *Galates*, III, 28) n'a
pas abouti à une critique radicale de cette
institution. Mais l'Église privilégie la spiritua-
lité, non la révolte sociale. La Bible elle-
même mettait d'ailleurs en scène l'esclavage,
et les arguments de textes ont été toujours
importants.

Même si les Pères de l'Église, à la suite des
juristes romains, tenaient que la liberté d'un
homme était de droit naturel, l'Église, sous
l'Empire romain, et par l'effet d'un réalisme
dont on connaît beaucoup d'autres exemples
historiques, n'a jamais cru possible, en atta-
quant de front un ordre social puissant,
d'anéantir une institution unanimement
acceptée par l'Antiquité et alors jugée indispensable à la vie économique et sociale.
L'institution n'est donc pas condamnée directement. On a préféré, afin d'adoucir le sort
des esclaves, insister sur les devoirs du maître
et sanctionner les abus. Surtout, l'Église a

puissamment encouragé l'affranchissement
des esclaves et contribué à l'édiction par l'em-
pereur romain de mesures plus humaines à
l'égard de ceux-ci.

Accepter officiellement l'esclavage dans
le royaume de France se heurtait aussi à
un obstacle sérieux. La chose, *a priori*, était
même impossible, puisque l'ordre public du
royaume n'admettait pas la présence d'esclaves sur le sol français. En 1571, le parlement
de Guyenne affirme ainsi que « *la France, mère
de la liberté, ne permet aucun esclave* ». Ceci était
déjà vrai au Moyen âge, au profit d'esclaves
catalans fugitifs qui gagnaient Toulouse : les
capitouls refusaient de les restituer. Au début
du XVIIᵉ siècle, « *Toutes personnes sont franches
en ce royaume, et aussitôt qu'un esclave a atteint
les marches de celui-ci, se faisant baptiser, est
affranchi* » dit Loisel. L'esclave, pour être
libéré, doit donc être chrétien. Toutefois, l'accès à la liberté par le baptême sera par exception refusé dans les colonies ; il a été soutenu à
ce propos que Bossuet aurait joué un rôle
néfaste et influencé le contenu du Code noir.
Les esclaves, bien que chrétiens, demeureront
esclaves.

L'aversion générale contre l'esclavage
explique vraisemblablement que le Code noir
– et, par la suite, d'autres lois royales – n'aient
pas été enregistrés au parlement de Paris,
aux fins de publication, ni même présentés

à l'enregistrement. Le juriste Denisart, au XVIIIe siècle, en donne la raison : ces textes, dit-il, ont été « *considérés comme contraires au droit commun du royaume, suivant lequel tout homme est libre, dès qu'il habite dans les pays soumis à nos rois* ». D'autres auteurs affirment le principe selon lequel « le sol de France affranchit ». L'article 1er de la loi des 28 septembre-16 octobre 1791 le maintiendra. On a encore un exemple de son application en 1836. L'article 7 du décret d'abolition de l'esclavage de 1848 (*texte 10*) fait encore écho à la maxime et, le droit actuel, sur un fondement exclusivement coutumier, interdit toujours l'extradition au pénal ou la livraison, sur une action en revendication, d'un esclave. Afin de protéger les intérêts des planteurs, on interdira le 9 août 1777 aux esclaves de venir dans le royaume, sauf aux maîtres qui voudraient s'en faire accompagner d'en faire déclaration : pour ainsi dire, ces esclaves étaient alors « sous douane ».

Mais l'ordre public du royaume est une chose, l'ordre public colonial une autre. D'un côté de l'Atlantique, le droit naturel proscrit l'esclavage, tandis que, de l'autre, le « *bien public* » le postule. Comment expliquer la distorsion ? Certains, comme Poullain du Parc, se dispensent de le faire (« *En France, toute personne est libre, à l'exception des esclaves nègres* »). Denisart s'en sort par une explication passe-partout (« *le bien de l'État a exigé qu'on établit d'autres maximes dans les colonies françaises de l'Amérique méridionale et de l'Afrique* ») et précise que les règlements sur l'esclavage « *n'ont pour objet que la police locale de nos colonies* ». Bref, pour tout le monde sous l'Ancien régime, les colonies ne sont pas le royaume. Dès lors, l'esclavage n'est pas en contradiction avec la « *coutume générale* » du royaume. En réalité, à l'ordre public du royaume s'opposent victorieusement les « nécessités » de l'économie coloniale : non seulement la légitimité des profits des colons est acceptée, mais la Cour de Versailles se préoccupe soigneusement, et exclusivement, de savoir si le sucre antillais parvient en quantité suffisante et à bon prix dans le royaume.

2°) Pour autant, les Codes noirs (*textes 1 et 2*) portent la trace de la contradiction entre la répugnance de l'esclavage en métropole et son institution aux colonies. D'une part, il comporte toute sorte de dispositions protectrices des esclaves, dont on veut faire des Chrétiens. D'autre part, il précise les droits des maîtres, afin de limiter leur pouvoir. Mieux, la lecture, aujourd'hui, de ces textes montre que l'esclavage conduit dès le départ à un choix moral intenable : comment accepter qu'un Chrétien (on n'en est pas, à l'époque, à la notion de droits de l'homme)

soit esclave et donc qu'un Chrétien soit... une
chose meuble ? En ce temps, personne, du
côté des maîtres aussi bien que de la Cour
royale, ne voit pourtant encore l'incompatibi-
lité. Si certains s'en émeuvent, ils n'ont guère
la possibilité de changer les choses.

Le Code « *touchant la police des Iles d'Amérique* » (police signifiant ici « administration »), rédigé sous la direction de Colbert
après une enquête précise, fait partie des
grandes ordonnances prises par Louis XIV.
Il s'agit de réglementer la vie des esclaves,
surtout au sein des plantations (les « *habitations* »). Il n'a nullement pour objet d'améliorer la situation des esclaves : il entend
seulement codifier les règles qui leur sont
applicables, et aussi préciser les devoirs des
maîtres. Dans les faits, ces règles seront appli-
quées, rigoureusement même, tandis que ces
devoirs resteront souvent du domaine de
l'idéal. On a souvent rapproché ces dispositions du précédent du droit romain, même si
la cohérence de l'ensemble est à mettre sur le
compte d'une réalité coloniale bien datée et
originale.

Le Code montre bien – dans son préambule
même – l'un de ses soucis majeurs : sauver
les âmes par le baptême. Les articles 2 à 8
sont destinés à assurer la prééminence de la
religion catholique : les Juifs doivent quitter
les Iles, les Protestants s'abstenir de tout

culte public. Dès que des nègres « *nouveaux* » arrivent, les maîtres doivent les déclarer afin de les « *faire instruire et baptiser dans le temps convenable* ».

Il faut redire que cet impératif a une conséquence contradictoire avec l'état d'esclave. Comment une chose – un meuble, dit l'article 44 – peut-elle être « chrétienne », et avoir droit au mariage religieux, avec certes le consentement du maître (art. 10) ? Le mariage étant un sacrement, le maître ne peut imposer aux esclaves, contre leur gré, un mariage (art. 11). Les unions mixtes sont autorisées : les enfants suivront alors le statut de la mère (selon l'adage répandu en fait de servage médiéval, *Partus sequitur ventrem*) (art. 13). La femme esclave, mariée à un homme libre, sera *de facto* libérée. Les enfants ne pourront être vendus séparément de leurs parents (art. 47). Toutes ces dispositions supposent que, pour le moins, les esclaves ne sont tout de même pas des choses comme les autres. D'ailleurs, l'affranchissement met les anciens esclaves en possession de l'état de « *liberté naturelle* » (art. 59) dont jouissent les sujets du roi.

Le Code oblige aussi les maîtres à nourrir convenablement leurs esclaves (art. 22), car la faim règne chroniquement aux Antilles, et à les vêtir (art. 25), tout cela à peine de poursuites (art. 26). Les esclaves âgés ou malades

devront être entretenus par leurs maîtres
(art. 27) ; à défaut, les esclaves seront recueillis
à l'hôpital, et les maîtres devront payer les frais
de nourriture et d'entretien. À l'époque, toutes
ces prescriptions vont dans un sens incontesta-
blement positif. Mais comment en assurer le
respect ? Les autorités publiques disposent de
bien de moyens afin de savoir ce qui se passe
réellement dans une « habitation ».

Le côté aujourd'hui le plus scandaleux
touche au régime disciplinaire. La résistance
armée des esclaves (de même que le mar-
ronnage, c'est-à-dire la fuite) remonte haut
dans le temps et n'a jamais cessé. La hantise
d'un « *gaoulé* », la crainte permanente des
révoltes – les esclaves étant partout beaucoup
plus nombreux que les Blancs – expliquent la
cruauté de la répression : elle se veut exemplaire, afin de dissuader. Les nombreuses
mesures de police, au sens actuel, prévues par
le Code noir sont des plus sévères. Outre
l'interdiction de se rassembler (art. 16), par
exemple, l'esclave qui aura frappé son maître,
avec effusion de sang, sera puni de mort
(art. 35). La liste des diverses peines encou-
rues est éloquente (mort, mutilation atroce,
bastonnade, fouet...). Toutefois, la mise à la
torture ou la mutilation (art. 42), la mise à
mort d'un esclave par son maître déclenche-
ront (théoriquement) une poursuite criminelle contre celui-ci (art. 43).

Applicables au début aux seules petites Antilles, les dispositions du Code noir seront ensuite étendues aux autres colonies (Saint-Domingue, 1687 ; Guyane, 1704 ; Iles Maurice [*de France*] et La Réunion [*de Bourbon*], 1723 (***texte 2***) ; Louisiane, 1724). Des mesures aggravantes seront prises par la suite : ainsi les mariages mixtes seront interdits, et les affranchissements rendus plus difficiles. À l'inverse, des ordonnances de la fin du règne de Louis XVI interdiront la bastonnade, augmenteront les périodes de repos (afin que les esclaves puissent mieux cultiver un lopin de terre pour se nourrir), et il semble qu'à la fin de l'Ancien régime administrateurs et juges coloniaux tiennent un peu mieux la main au respect des prescriptions royales.

On n'insistera cependant jamais assez sur le fait que la lettre du Code noir est une chose, la condition réelle des esclaves une autre. Le Code noir permet d'apprendre beaucoup sur l'esclavage, mais absolument rien sur cette condition réelle. En particulier, les châtiments infligés par les maîtres à l'insu des gens du roi sont nombreux et horribles, et bien peu de maîtres sont poursuivis et punis, même si des exemples contraires existent. Les juristes d'aujourd'hui savent bien que l'effectivité des règles de droit est toujours une question redoutable.

B. D'une Révolution à l'autre (1789-1848)

1°) La Constituante et la Législative

Louis XVI, selon Brissot, était sensible à la situation des esclaves : il aurait refusé des lettres de cachet contre les membres de la *Société des Amis des Noirs* (ceux-ci « *Ont... donc des amis en France ? Tant mieux, je ne veux pas interrompre leurs travaux* »). Necker, lors de l'ouverture des États généraux, parle de ce « *malheureux peuple dont on a fait un barbare objet de trafic...* » et envisage une mesure favorable.

Les cahiers de doléances ne s'intéressent pratiquement pas aux colonies. Seuls, quelques cahiers réclament l'abolition de l'esclavage ; une quinzaine l'amélioration de la condition matérielle des assujettis ; neuf se bornent à l'interdiction de la traite. Le cahier de Nantes est pour le maintien de celle-ci et, aussi, pour l'octroi par le roi d'avantages aux négriers...

Une opinion hostile à la traite – cause d'une mortalité effroyable pendant les transports – et à l'esclavage – contraire à toute morale – est pourtant apparue, mais très timidement, au XVIIIᵉ siècle, aussi bien aux États-Unis (dès 1777, le Vermont abolit l'esclavage, suivi d'autres États) qu'en Angleterre ou encore en France. Dans ce royaume, l'*Encyclopédie* condamne l'institution (mais Montesquieu l'admet cependant dans les colonies de plantation). La *Société des Amis des Noirs* est constituée en 1787, sur un modèle anglais ; elle regroupera de grands noms (Brissot, Sieyès, Condorcet, Mirabeau, La Fayette, l'abbé Grégoire, Robespierre, La Rochefoucauld, Olympe de Gouges...). Mais elle demande seulement la suppression immédiate de la traite, estimant que l'abolition brutale de l'esclavage conduirait à un résultat contraire à l'intérêt des Noirs eux-mêmes. Il fallait donc agir progressivement.

Des données de fait militaient impérieusement, selon les colons, les armateurs et les négriers, en faveur du maintien de l'esclavage : l'abolir ruinerait les plantations et une grande partie du commerce extérieur du royaume (dont Saint-Domingue assurait le tiers), le travail libre des Noirs étant considéré comme illusoire. L'abolition conduirait aussi à des troubles et à des attaques contre les Blancs, anciens maîtres. Le *Club de l'Hôtel de Massiac*, en 1789, regroupe des planteurs, des négociants et d'anciens administrateurs des colonies, comme Moreau de Saint-Méry ou Malouet, et exprime ce point de vue ; on ajoute aussi que la main de l'Angleterre, qui lorgne sur les colonies françaises, manipule les anti-esclavagistes. Ce club est donc hostile à tout changement et ses idées sont bien relayées au sein de la Constituante. Le comité colonial de la Constituante comptera en son sein des amis des milieux coloniaux.

Les planteurs de Saint-Domingue élisent spontanément des députés, que le Tiers état admet dans ses rangs, malgré l'objection de Mirabeau selon laquelle les hommes « de couleur » libres, et les esclaves, n'étaient pas représentés. On envisage, dans la nuit du 4 août, l'affranchissement des esclaves, mais un député de Saint-Domingue parvient à éviter la mesure.

La Déclaration des droits de l'Homme et du Citoyen du 26 août 1789 (*texte 3*) pouvait toutefois changer le cours des choses. Considérant dans son préambule que « *les seules causes des malheurs publics* » résultaient de « *l'ignorance, l'oubli ou le mépris des droits de l'Homme* », elle affirmait solennellement que « *les hommes naissent et demeurent libres et égaux en droits* » (art. 1er), et que « *le but de toute association politique est la conservation des droits naturels et imprescriptibles de l'Homme* » (la « *liberté* » et « *la résistance à l'oppression* » figurant expressément au nombre de ces droits naturels). Tout, dans son contenu, suppose l'égalité au moins civile des individus. Nulle part, elle ne dit que son contenu est restreint à la métropole : la Déclaration – et c'est là l'un des traits célèbres du texte – se veut universelle. C'est d'ailleurs ce qui a été aussitôt compris dans les colonies, où les esprits s'échauffent ; des troubles surviennent aux Antilles. Le malentendu naît.

Les députés hostiles au *statu quo* pensaient eux-mêmes qu'un changement brutal aurait des conséquences graves sur le commerce. La *Société des Amis des Noirs*, dans une adresse à la Constituante du 21 janvier 1790, se borne elle-même à réclamer l'abolition de la seule traite (« *l'affranchissement des noirs serait non seulement fatal aux colonies, ce serait même un présent funeste pour les noirs, dans l'état d'abjection et de nullité où la cupidité les a réduits* »). Grégoire qualifiera plus tard de « *mesure désastreuse* » le décret du 16 pluviôse an II (*texte 4*).

Le décret du 8 mars 1790 entérine le rapport que Barnave présente au nom du comité. Favorable aux colons, il maintenait le *statu quo* et déchargeait l'Assemblée du soin de préparer l'avenir, laissant cette tâche aux assemblées coloniales (uniquement composées de Blancs). Mais une « instruction » du 28 mars n'écartait pas de la citoyenneté « active » les gens « de couleur » qui en remplissaient les conditions, ce qui alimentait à nouveau les controverses sur place. Finalement, la Constituante se range aux vues des planteurs, non sans débats d'ailleurs. L'argument majeur en faveur du maintien de l'esclavage consistait à dire que, si on le suppri-

mait, les colonies seraient ruinées Sur sa fin,
le 24 septembre 1791, après un échange où
notamment Barnave s'oppose à Robespierre,
les députés en finissent avec les hésitations : la
citoyenneté est refusée aux hommes « de couleur ». Déjà, une loi du 15 mai 1791 ne l'accor-
dait qu'aux affranchis de deuxième généra-
tion. Autre déception : la Constituante s'est
séparée sans même avoir jamais mis en débat
la question de la traite.

La Législative fit un peu plus. Les « *Amis
des Noirs* » parvinrent enfin à faire accorder les
droits politiques aux mulâtres et nègres libres
(4 avril 1792). Ils demandèrent aussi la suppression de la traite, mais la question fut
renvoyée aux comités du Commerce et des
Colonies. Les graves troubles que connais-
sait Saint-Domingue apeuraient beaucoup
de députés. Tout au plus, avant de laisser la
place à la Convention, l'assemblée mit fin à la
prime jadis accordée à la traite par un arrêt du
Conseil du roi ; la Convention confirmera la
mesure.

2°) La Convention et la première
abolition de l'esclavage (4 février 1794)

Aux termes de l'article 18 de la Constitution
du 3 septembre 1793, « *Tout homme peut enga-
ger son temps et ses services ; mais il ne peut se
vendre ni être vendu ; sa personne n'est pas une*

propriété aliénable ». La Déclaration des droits et des devoirs de 1795 (art. 15) reproduira textuellement cette disposition. Il faut cependant prendre garde au fait que la prohibition de la vente d'une personne humaine se référait au servage, tel qu'il pouvait encore exister en quelque endroit à la fin de l'Ancien régime. L'article 1780 du Code civil conserve encore la trace de tout cela. Il n'empêche : ce passage de la Constitution de l'an I (même si l'entrée en vigueur de celle-ci était suspendue à cause de la guerre continentale) constituait un point d'appui pour les abolitionnistes.

Les origines du décret du 4 février 1794, si elles tiennent évidemment aux idées avancées de la majorité des Conventionnels, sont aussi la conséquence de la situation de violence qui s'était développée à Saint-Domingue. Les deux commissaires envoyés sur place, la main forcée, proclamèrent l'abolition de l'esclavage, puis demandèrent à la Convention la confirmation de la mesure ; ils faisaient valoir à juste titre que, grâce aux Noirs, les entreprises anglaises avaient échoué et que la République avait vaincu.

Le décret du 4 février 1794 (*texte 4*) fut alors adopté rapidement par une assemblée peu garnie, par acclamation et dans l'enthousiasme, après la réception d'une délégation symbolique composée d'un Blanc, d'un mulâtre et d'un Noir : « *Tous les hommes, sans distinction de couleurs, domiciliés dans les colonies, sont citoyens français, et jouiront de tous les droits assurés par la Constitution* ». Aucune indemnisation n'était accordée aux colons. Les mesures à prendre pour assurer l'exécution du décret d'abolition étaient renvoyées, pour instruction, au Comité de Salut Public.

Comme au soir de la Nuit du 4 août, certains députés regrettèrent immédiatement la précipitation. Tant du côté des esclaves que de celui des anciens maîtres, faute de mesures d'accompagnement, les choses étaient difficiles. Malgré la demande faite au Comité de Salut Public, rien ne suivit. En définitive, la Convention ne s'était pas préoccupé des conséquences de ce décret, aussi bien au regard des anciens esclaves que des anciens maîtres. Aucune mesure transitoire n'était prévue. Pas plus, la Convention n'a interdit la traite.

Il faut toutefois nuancer les conséquences pratiques du décret. La Martinique, occupée par les Anglais en mars 1794, et Sainte-Lucie, occupée en avril, conservèrent l'esclavage. Les îles de l'Océan indien, indépendantes de fait, firent de même. En réalité, le décret n'eut d'effet qu'en Guadeloupe et à Cayenne : le travail forcé y sera une institution de remplacement, de même qu'à Saint-Domingue. La Convention semble avoir songé à généraliser ce dernier système : un projet prévoyait que

« *tous les travailleurs qui ne seront pas appelés au service armé seront tenus de continuer leurs cultures sous les conditions et aux avantages proclamés par les gouverneurs et ordonnateurs* ». C'est ce que décidera ultérieurement le Directoire : le citoyen français est la personne qui sert à l'armée ou qui travaille. Le bilan était donc que le travail forcé était substitué au Code noir.

3°) Le rétablissement de l'esclavage (20 mai 1802)

Le reflux en faveur du retour à l'esclavage, se fait jour, sous la Constitution de l'an VIII, dans les bureaux de la Marine ou des Colonies. Bonaparte, après le 18 brumaire, n'avait sans doute pas le projet de rétablir une institution, *a priori*, incompatible avec sa formation intellectuelle. Il penchait sans doute vers un régime de travail obligatoire, comme l'Ancien régime, à la fin, l'avait déjà envisagé et comme Toussaint-Louverture venait de l'instituer à Saint-Domingue et Victor Hugues à la Guadeloupe.

Les idées volontiers réactionnaires qui prédominaient alors dans les assemblées se sont alors conjuguées avec l'influence d'un groupe de pression constitué autour de Joséphine. Cette conjonction a été déterminante après la signature de la Paix d'Amiens avec l'Angleterre (mars 1802), qui restituait à la France la Martinique et Sainte-Lucie. Or, ces colonies, jusque-là occupées par les Anglais, n'avaient pas connu l'abolition de l'esclavage décrétée par la Convention.

Le Premier consul, avec des péripéties constitutionnelles, a d'abord tenté de pérenniser l'institution seulement dans ces possessions, visées expressément par l'article 1er de loi du 20 mai 1802 (*texte 5*), ainsi que dans celles de l'Océan indien. Il maintenait pour les autres (Saint-Domingue, Guadeloupe) l'abolition décrétée par la Convention. Déjà, il avait proclamé six mois avant qu'« *À Saint-Domingue et à la Guadeloupe, il n'est plus d'esclaves, tout est libre, tout y restera libre... La Martinique a conservé l'esclavage et l'esclavage y était conservé* ». La traite (art. 4) était confirmée.

Bonaparte s'est finalement rallié à un régime unique. La coexistence de deux régimes juridiques différents était intenable. L'article 4 de la loi permettait au gouvernement, pendant dix ans, de régler directement le sort des colonies, et donc de ressusciter en particulier l'esclavage.

Le général Richepance était nommé le 4 mars 1802 général en chef de l'armée expéditionnaire de la Guadeloupe où, depuis un an, les troubles régnaient. Le 10 mai 1802, une proclamation de Louis Delgrès constituait

une étape décisive de l'insurrection. Richepance mène alors des opérations militaires,
et des milliers d'hommes sont exécutés ou
déportés. Le 17 juillet 1802 (*texte 6*) il prend
un long arrêté qui, au nom des « *vrais principes
sur lesquels reposent la sécurité et les succès des
établissements formés par les Français en cette
colonie* », veut restaurer le calme en Guadeloupe et, aussi, rétablir aussi, l'esclavage...
sans que le mot lui-même apparaisse une
seule fois dans le texte (on parle seulement
des « *individus attachés aux habitations* »)
(art. 18). Mais on trouve, par l'effet d'un lapsus peut-être, celui de « *maître* » (art. 13). Il est
seulement dit que « *le titre de citoyen français ne
sera porté... que par les Blancs. Aucun autre individu ne pourra prendre ce titre ni exercer les fonctions ou emplois qui y sont attachés* » (art. 1er). Il
affirme aussi dans le préambule qu'« *en même
temps... le gouvernement proscrira avec ardeur les
abus et les excès qui s'étaient manifestés anciennement et qui pourraient se remontrer encore* ».

En Guyane, Victor Hugues prendra la
même mesure en avril 1803. Les mariages
entre libres et esclaves seront par la suite
interdits par l'article 3 de l'arrêté du
7 novembre 1805 promulguant le Code civil
aux colonies (*texte 7*). Cette prohibition était
contraire au principe de la liberté matrimo-
niale, voulue par la Révolution et à peu près
consacrée en 1804. La justification de cette

grave entorse aux droits de l'Homme, telle que donnée par le texte est : « *que de tout temps, on a connu dans les colonies la distinction des couleurs,... qu'elle est indispensable dans les pays d'esclaves, et qu'il est nécessaire d'y maintenir la ligne de démarcation qui a toujours existé entre la classe blanche et celle de leurs affranchis ou de leurs descendants* ». Tout au plus, les affranchis qui avaient servi dans l'armée de la République demeuraient libres.

En réalité, le rétablissement de l'esclavage n'a été effectif qu'après 1815, lorsque les traités de Paris firent recouvrer à la France une partie de ses anciennes possessions. Quant à la traite, l'Angleterre l'interdisait en 1806 ; sa domination des mers permettait de lutter contre les négriers. Après l'abdication de Napoléon, des adjonctions à ces traités donnaient, afin de ménager des intérêts, un délai de cinq ans à la France pour faire cesser la traite. Napoléon, pendant les Cent-Jours, procède à la mesure (29 mars 1815), et Louis XVIII la reconduit (15 avril 1818), ainsi que Charles X (25 avril 1827). Mais ce n'est qu'à partir d'une troisième loi (22 février 1831) que ses effets sont réels...

4°) L'indépendance d'Haïti et le rachat de la liberté

La partie française de Saint-Domingue – la plus importante colonie française – a été récupérée après la Paix d'Amiens. Sous la Révolution, après de graves conflits entre colons et petits-blancs, les esclaves s'étaient révoltés en août 1791, et on a vu que l'esclavage avait été aboli deux ans après : la Convention avait alors étendu la mesure aux autres colonies (décret du 4 février 1794).

Dès lors, une situation unique s'ensuivit, puisque, au nom de la République, les chefs Noirs mènent avec succès leurs troupes au combat contre les Anglais. Toussaint-Louverture reprend en main l'île, et impose aux anciens esclaves de revenir travailler – mais moyennant salaire – dans les « habitations » ; ils tentent même de faire revenir les anciens propriétaires. Il ne cherche pas à proclamer l'indépendance de la colonie.

Les choses se gâtent lorsque le Premier consul veut contrôler Toussaint-Louverture, qui n'obéit pas et se dirige alors vers une forme d'autonomie. On connaît les difficultés et les déboires de l'expédition menée par le général Leclerc. L'annonce du rétablissement de l'esclavage en Guadeloupe, deux mois seulement après l'arrêté du 20 floréal an X, va indigner les Noirs. Finalement, la reprise des hostilités avec l'Angleterre met fin aux opérations militaires de Leclerc, et l'indépendance d'Haïti est proclamée par Dessalines le 1er janvier 1804.

L'ordonnance du 17 avril 1825 (*texte 8*) qui consacre cette indépendance, a été – on va voir pourquoi – entérinée par la République d'Haïti le 11 juillet suivant, sous la menace de la flotte française. La rédaction est bien surprenante. À lire l'article 3, on pourrait d'abord croire que Charles X « *concède* », comme il est dit, « *l'indépendance* » aux « *habitants actuels de la partie française de Saint-Domingue* » (art. 2), alors qu'en réalité il en prend acte plus de 20 ans après. Ce qui n'empêcha pas des mécontents de prédire les mauvais effets futurs de cet exemple dans les autres colonies.

L'intérêt du texte est cependant ailleurs. Aux termes de l'article 2, la jeune République d'Haïti paiera à la France une forte indemnité, « *destinée à dédommager les anciens colons* ». On pourrait penser que cette indemnité (qui sera tout de même fortement réduite en 1838) vient compenser – comme cela a été souvent le cas dans des situations comparables – l'expropriation des immeubles dont les Blancs avaient été jadis propriétaires. Mais cela n'est vrai qu'en partie : car on répare aussi forcément la perte des esclaves. On ne fera pas autrement en 1848 (*texte 10*).

5°) L'abolition définitive de l'esclavage

L'interdiction de la traite, depuis 1815, et même longtemps imparfaite, a naturellement porté un coup à l'esclavage. Le contexte est aussi celui de l'abolition de l'esclavage britannique de 1833 (*Abolition Bill*) – mais progressive – et de la diffusion, en général, des idées anglo-saxonnes (une convention anti-esclavagiste mondiale est réunie à Londres en 1839), reprises quelquefois en France par des pétitions, des comités, des ecclésiastiques ou des pasteurs. *La Société française pour l'abolition de l'esclavage* est créée en 1834 et, en 1847, elle diffuse un manifeste rédigé par Victor Schoelcher. Il faut aussi compter sur le courant républicain, puissant à compter de la Monarchie de Juillet. On prépare, en 1835, au ministère de la Marine un « *plan d'émancipation* », graduelle, moyennant paiement d'une indemnité aux maîtres. Un an après, à la Chambre des Pairs, Montalembert demande « *combien de temps 200 000 nègres français pourraient rester esclaves au milieu de 900 000 nègres anglais déclarés libres ?* » et La Rochefoucauld-Liancourt va suggérer l'abolition sans indemnisation.

Une proposition de loi est présentée le 10 février 1838 ; une commission est constituée. Le monde des colons et des autres milieux favorables au maintien de l'esclavage se mobilise : tous les arguments possibles sont avancés, y compris celui qui prédisait le plus sinistre avenir aux esclaves eux-mêmes s'ils étaient libérés. Tocqueville, alors parlementaire, défend néanmoins la proposition. Un pas est franchi avec une loi de juillet 1845 qui, modifiant le régime colonial, ne parle plus d'esclaves, mais de « *personnes non libres* ».

Cette terminologie n'est pas un hasard. De 1804 à 1848, l'esclavage a existé en pleine contradiction avec le Code civil, fondé – on l'a déjà dit – sur le principe de droit naturel de la liberté civile, conquête de la Révolution. On comprend donc que le Code n'envisage jamais l'esclavage. Certes, un argument de pur droit l'y autorisait : le Code n'était pas applicable tel quel dans les colonies. Il n'y avait été introduit que partiellement par arrêté (*texte 7*), et seulement dans la mesure où il était tenu compte des « *distinctions constituant essentiellement le régime colonial* ». Ainsi, divers empêchements (mariage entre blancs et gens « de couleur ») ou interdictions (incapacité, pour les affranchis ou gens « de couleur » de recevoir une libéralité d'un Blanc par acte à cause de mort) ont subsisté jusqu'à une ordonnance du 24 février 1831 (qui reconnaît la citoyenneté aux hommes « de couleur » libres). Autrement dit, le Code noir est supérieur au Code civil.

Le mouvement vers l'émancipation des esclaves s'illustre toutefois dans le droit lui-même et dans la jurisprudence de la Cour de cassation lorsque, à partir de 1828, les juridictions des colonies furent tenues de motiver leurs décisions. Les conclusions anti-esclavagistes de Dupin Aîné, avocat général, sont emblématiques de l'évolution de la mentalité des hauts magistrats. Des arrêts assez nombreux le montrent aussi, par exemple en faveur d'affranchis ou même d'esclaves anglais réfugiés dans une île française : ils sont considérés par la Haute juridiction comme des personnes libres. Plus étonnant encore, l'idée qu'un esclave soit une chose, et non une personne, est mal reçue : un arrêt de la Chambre criminelle du 8 février 1839 dit bien que l'esclave est une personne.

L'abolition de l'esclavage est l'une des trois premières mesures prises par le Gouvernement provisoire, et constitue une conséquence logique des idées quarante-huitardes. Objet d'une simple proclamation orale dès le 25 février 1848, lendemain de la Révolution, on savait bien que sa connaissance par les colons risquait de conduire à de graves désordres. Il fallait donc prendre des mesures et, pour cela, faire patienter les esclaves. Le 4 mars, une commission est donc mise sur pied « *pour préparer, dans le plus bref délai, l'acte d'émancipation immédiate dans toutes les colonies de la République* », sous la présidence de Victor Schoelcher, défenseur infatigable des droits des Noirs. Le questionnaire mis au point, afin de recueillir des avis, est extrêmement précis. Le décret d'abolition sera signé le 27 avril 1848 (*texte 10*).

Dans l'intervalle, l'annonce, en Guadeloupe et Martinique, de la mesure de principe du 25 février produisit un effet immédiat. Le gouverneur de la Guadeloupe, Layrle, s'efforce alors de gagner du temps et de faire patienter les Noirs, en faisant placarder le 4 avril une affiche dont le contenu mérite l'attention (*texte 9*) tant il illustre les mentalités de l'époque et la façon de penser du gouverneur lui-même. Dans cette proclamation à l'intention des « *cultivateurs esclaves* » la condescendance et l'appel à la religion rivalisent avec la falsification de l'Histoire. Ainsi, pour « *la liberté qui va venir... ce sont vos maîtres qui l'ont demandée pour vous. L'ancien gouvernement* [celui de Louis-Philippe] *vous l'avait refusée, parce qu'il voulait que chacun de vous se rachetât, mais la République au contraire va vous racheter tous à la fois* ». Les considérations moralisatrices sont là : « *Il faut prouver que vous comprenez que la liberté n'est pas le droit de vagabonder, d'abandonner les habitations, de quitter les cases de vos maîtres, mais bien le droit de travailler pour soi-même. En France, tous les gens libres travaillent plus encore que vous qui êtes esclaves, et ils sont bien moins heureux que vous, car là-bas, la vie est plus difficile qu'ici* ». Le gouverneur va jusqu'à reconstruire le passé : « *Du temps de vos pères, la République existait en France. Elle proclama la liberté sans indemniser les maîtres, sans organiser le travail. Elle pensait que les esclaves auraient compris qu'ils devaient travailler et s'abstenir de tout désordre. Mais ayant abandonné le travail ils... forcèrent la République à vous remettre en esclavage* ».

Devant la poursuite de l'effervescence dans les îles, le gouverneur de Martinique se résigna à proclamer la liberté le 23 mai, sans attendre le décret promis, et son collègue de Guadeloupe fit de même 4 jours plus tard, alors même que les commissaires de la République n'arrivèrent qu'en juin et devaient faire respecter un délai de deux mois avant la mise en vigueur du décret. En revanche, l'esclavage prit fin en Guyane le 10 août, et à la Réunion seulement le 20 décembre 1848. En Afrique, un délai de trois ans – et même plus – fut autorisé.

Le préambule du décret (*texte 10*) rappelle que l'esclavage (« *attentat contre la dignité humaine* ») est « *une violation flagrante du dogme républicain "Liberté-Égalité-Fraternité"* » et, plus prosaïquement, que « *si des mesures effectives ne suivaient pas de très près la proclamation déjà faite du principe de l'abolition, il en pourrait résulter dans les colonies les plus déplorables désordres* ». Comme on va le voir, ces mesures ne consistaient pas réellement en autre chose que l'octroi d'indemnités aux anciens colons.

Quant à l'objet principal du décret, l'abolition sera effective dans les deux mois de la promulgation du texte dans chacune des colonies. Mais l'interdiction des châtiments corporels et de la vente de « *personnes non libres* » est effective dès la promulgation (art. 1er). Est supprimé le système des engagés, encore vivant au Sénégal (art. 2). L'article 7 met en vigueur le principe, venu de l'Ancien droit, selon lequel « *le sol de la France affranchit l'esclave qui le touche* ».

Les Constituants vont cependant faire preuve de réalisme, puisque « *l'Assemblée nationale réglera la quotité de l'indemnité qui devra être accordée aux colons* ». L'indemnisation revêt deux formes. En premier, aux termes de la loi du 30 avril 1849, les anciens propriétaires d'esclaves obtiendront une rente de 6 millions à 5 % (soit un capital nominal de 120 millions). En outre, ils recevront, en numéraire, une somme de 6 millions (avec prélèvement de 1/8e dans les pays où des institutions de crédit leur viendront en aide). Les anciens esclaves n'avaient ni indemnisation, ni terres, alors même que Schoelcher l'avait proposé, mais en vain, à la Commission. Les avantages financiers consentis aux anciens propriétaires d'esclaves sont apparus comme évidemment nécessaires, afin de maintenir le calme dans les colonies. Mais, en droit, ils permettent malheureusement de penser que le droit de propriété d'un homme sur un autre, même désormais supprimé, avait été légitime, et que cette expropriation supposait, comme toute autre, une juste indemnité.

L'abolition définitivement acquise, et les intérêts des colons plus ou moins respectés, restait que les problèmes économiques (la poursuite de l'exploitation des terres et du commerce) et sociaux (les anciens esclaves n'avaient pas de terres) n'étaient pas réglés. On avait là le germe de difficultés à venir, même si les Constituants de 1848, au courant du passé, savaient que la première abolition, c'est-à-dire une mesure strictement juridique, n'avait pas et ne pouvait pas apporter une solution définitive au drame colonial.

Question toujours posée : doit-on l'abolition de 1848 aux campagnes abolitionnistes en Europe, aux discours de Lamartine et, évidemment, à Victor Schoelcher (« *l'esclavage ne peut plus, ne doit plus subsister* »), ou d'autres abolitionnistes blancs, ou bien la Constituante de 1848 a-t-elle cédé devant les révoltes endémiques et la perspective d'une insurrection générale des esclaves ? Ou bien encore, le système esclavagiste étant périmé du point de vue économique, pouvait-on tourner allègrement la page ? Sur les deux premières explications, on peut en revenir à ce que disait Jean

Jaurès quant au progrès moral de l'Humanité.
L'abolition tient sans doute à deux facteurs,
impossibles à apprécier exactement : d'une
part, une opinion publique métropolitaine,
sans doute minoritaire mais tout de même
significative, a estimé – et de plus en plus –
que l'esclavage était en contradiction avec les
valeurs de la République. D'autre part, quittant les sables de la fatalité et de la résigna-
tion, et ayant à l'esprit le précédent de Saint-
Domingue, une minorité – mais elle aussi
significative – d'esclaves a désormais considéré que leur condition était insupportable
et qu'aucun mauvais sort ne pesait sur leur
destin.

La nature de l'épreuve de force n'a pas été
la même, selon que l'on regarde la métropole
ou les colonies mais, dans les deux cas, l'idée
de ce que doit être et de ce qu'est un homme
libre s'est imposé. Il est illusoire de pouvoir
comparer objectivement un jour l'importance
des facteurs respectifs. Une idée morale n'est
guère divisible.

C. Le regard contemporain sur l'esclavage : la loi du 21 mai 2001

La loi du 30 juin 1983 relative à la commémoration de l'abolition de l'esclavage (*texte 11*)
a institué une « *journée fériée dans les départements de Guadeloupe, de Guyane, de Martinique*

et de la Réunion, ainsi que dans la collectivité ter-
ritoriale de Mayotte ». Un décret fixe la date de
cette journée et précise les conditions dans
lesquelles la commémoration sera célébrée
sur le territoire métropolitain. Les Nations
unies, de leur côté, ont voulu que l'année 2004
soit l'« *année internationale de commémoration*
de la lutte contre l'esclavage et de son abolition ».
La loi du 21 mai 2001 a un objet bien différent
de ces deux initiatives.

Ce texte, qui actuellement, constitue chro-
nologiquement, en droit interne français, le
dernier en fait d'esclavage peut être considéré
de deux façons. Est-il l'une des manifestations
contemporaines à revisiter le passé ? Et, surtout, le législateur doit-il se prononcer sur
l'Histoire (ce qu'il n'a pas manqué, avec plus
ou moins de succès, certes, de faire) ?

La dénomination de la loi montre que l'on a
voulu rester sur le terrain purement législatif
– et même pénal – puisque la traite et l'esclavage sont définis comme un « *crime contre*
l'humanité » (Schoelcher parlait déjà en 1848
de « *crime de lèse-humanité* »). Le contexte est
évidemment celui du statut de Rome de la
Cour pénale internationale (17 juillet 1998),
qui fait de « *la réduction en esclavage* » un crime
qui relève de la compétence de cette juridiction, et de la Conférence de Durban, en septembre 2001. Mais la difficulté de la loi du
21 mai 2001 est que les faits précis incriminés

– que le texte prend le soin de dater – ont cessé
depuis longtemps, et qu'ériger des agisse-
ments en crimes suppose que leurs auteurs
– la question de la rétroactivité de la mesure
étant toujours posée – soient susceptibles d'être
jugés et sanctionnés. Combien d'horreurs dans
l'Histoire humaine pourraient, de la même
façon, être dénoncées et, vraisemblablement, le
seront un jour, sans donner lieu – faute d'accusés encore en vie – à la moindre répression ?
L'Histoire est passée au crible des progrès
moraux, comme pour exorciser le Mal et donner aux contemporains des repères édifiants.

Il en va, bien entendu, autrement pour
l'article 212-1 du nouveau Code pénal entré
en vigueur le 1er mars 1994, qui a inscrit « *la
réduction en esclavage* » parmi les crimes contre
l'Humanité. Cette disposition permet, dans le
prolongement du statut du Tribunal international de Nuremberg, annexé à l'accord de
Londres du 8 août 1945, de poursuivre en
France les auteurs actuels de ce crime. La loi
du 21 mai 2001, sur un point, peut tout de
même donner lieu à des poursuites : en effet,
aux termes de son article 5, la loi du 29 juillet
1881 sur la liberté de la presse a été modifiée,
afin de permettre aux associations ayant pour
objet de défendre la mémoire des esclaves et
l'honneur de leurs descendants d'exercer les
droits reconnus à la partie civile dans les
affaires d'injures ou de diffamation en raison

de l'origine ethnique. Il s'agit de faits délic-
tueux actuels.

Pour le reste, en réalité et malgré son libellé
et le contenu des articles. 3 et 4, la loi a une
vocation différente. Il ne peut s'agir de faire
repentance : aucune responsabilité collective
ne peut être imputée aux Français d'aujour-
d'hui. Pas plus, il ne peut viser à agiter la mau-
vaise conscience des Européens. On retrouve
la même interrogation que dans l'Allemagne
d'après 1945 : comment, là-bas, comprendre le
nazisme et, ici, la traite et l'esclavage ? En réalité, c'est bien une exigence de connaissance
lucide, de vérité – dans la mesure où la science
historique permet d'y accéder – d'un drame
humain épouvantable qui est en jeu. Que la loi
vienne y aider, même maladroitement pour un
juriste, a dès lors fort peu d'importance.

Car les autres dispositions de la loi quittent
le terrain pénal. L'article 2 encourage la
recherche et l'enseignement en matière de
traite et d'esclavage. L'importance historique
et humaine de ces faits le justifie. L'article 4,
qui vise à mieux garantir « *la pérennité de la
mémoire* (du) *crime à travers les générations* », à
l'aide d'un comité de personnalités qualifiées,
se relie au souci de pédagogie. En réalité, c'est
bien vers l'avenir que l'on se place, en espé-
rant – il faut être optimiste – que les leçons de
l'Histoire, bonnes ou abominables, serviront
aux hommes de demain.

Le Code noir
de mars 1685
édit du Roi sur les esclaves
des Îles de l'Amérique

*Louis, par la grâce de Dieu roi de France et de
Navarre,*
À tous, présents et à venir, salut.

Préambule

*Comme nous devons également nos soins à
tous les peuples que la divine providence a mis
sous notre obéissance, nous avons bien voulu
faire examiner en notre présence les mémoires qui
nous ont été envoyés par nos officiers de nos îles
de l'Amérique, par lesquels ayant été informés du
besoin qu'ils ont de notre autorité et de notre justice pour y maintenir la discipline de l'église
catholique, apostolique et romaine, pour y régler
ce qui concerne l'état et la qualité des esclaves
dans nos dites îles, et désirant y pourvoir et leur
faire connaître qu'encore qu'ils habitent des cli-
mats infiniment éloignés de notre séjour ordinaire, nous leur sommes toujours présent, non
seulement par l'étendue de notre puissance, mais
encore par la promptitude de notre application à
les secourir dans leurs nécessités.*

À ces causes, de l'avis de notre conseil, et de certaine science, pleine de puissance et autorité royale, nous avons dit, statué et ordonné, disons, statuons et ordonnons ce qui suit.

Article 1ᵉʳ. – Voulons et entendons que l'édit du feu roi de glorieuse mémoire, notre très honoré seigneur et père, du 23 avril 1615, soit exécuté dans nos îles ; ce faisant, enjoignons à tous nos officiers de chasser de nosdites îles tous les juifs qui y ont établi leur résidence, auxquels, comme aux ennemis déclarés du nom chrétien, nous commandons d'en sortir dans trois mois à compter du jour de la publication des présentes, à peine de confiscation de corps et de biens.

Art. 2. – Tous les esclaves qui seront dans nos îles seront baptisés et instruits dans la religion catholique, apostolique et romaine. Enjoignons aux habitants qui achètent des nègres nouvellement arrivés d'en avertir dans huitaine au plus tard les gouverneur et intendant desdites îles, à peine d'amende arbitraire, lesquels donneront les ordres nécessaires pour les faire instruire et baptiser dans le temps convenable.

Art. 3. – Interdisons tout exercice public d'autre religion que la religion catholique, apostolique et romaine. Voulons que les contrevenants soient punis comme rebelles et désobéissants à nos commandements. Défendons toutes assemblées pour cet effet, lesquelles nous déclarons conventicules, illicites et séditieuses, sujettes à la même peine qui aura lieu même contre les maîtres qui lui permettront et souffriront à l'égard de leurs esclaves.

Art. 4. – Ne seront préposés aucuns commandeurs à la direction des nègres, qui ne fassent profession de la religion catholique, apostolique et romaine, à peine de confiscation desdits nègres contre les maîtres qui les auront préposés et de punition arbitraire contre les commandeurs qui auront accepté ladite direction.

Art. 5. – Défendons à nos sujets de la religion protestante d'apporter aucun trouble ni empêchement à nos autres sujets, même à leurs esclaves, dans le libre exercice de la religion catholique, apostolique et romaine, à peine de punition exemplaire.

Art. 6. – Enjoignons à tous nos sujets, de quelque qualité et condition qu'ils soient, d'observer les jours de dimanches et de fêtes, qui sont gardés par nos sujets de la religion catholique, apostolique et romaine. Leur défendons de travailler ni de faire travailler leurs esclaves auxdits jours depuis l'heure de minuit jusqu'à l'autre minuit à la culture de la terre, à la manufacture des sucres et à tous autres ouvrages, à peine d'amende et de punition arbitraire contre les maîtres et confiscation tant des sucres que des esclaves qui seront surpris par nos officiers dans le travail.

Art. 7. – Leur défendons pareillement de tenir le marché des nègres et de toute autre marchandise auxdits jours, sur pareille peine de confiscation des marchandises qui se trouveront alors au marché et d'amende arbitraire contre les marchands.

Art. 8. – Déclarons nos sujets qui ne sont pas de la religion catholique, apostolique et romaine incapables de contracter à l'avenir aucuns mariages valables, déclarons bâtards les enfants qui naîtront de telles conjonctions, que nous voulons être tenues et réputées, tenons et réputons pour vrais concubinages.

Art. 9. – Les hommes libres qui auront eu un ou plusieurs enfants de leur concubinage avec des esclaves, ensemble les maîtres qui les auront soufferts, seront chacun condamnés en une amende de 2000 livres de sucre, et, s'ils sont les maîtres de l'esclave de laquelle ils auront eu lesdits enfants, voulons, outre l'amende, qu'ils soient privés de l'esclave et des enfants et qu'elle et eux soient adjugés à l'hôpital, sans jamais pouvoir être affranchis. N'entendons toutefois le présent article avoir lieu lorsque l'homme libre qui n'était point marié à une autre personne durant son concubinage avec son esclave, épousera dans les formes observées par l'Église ladite esclave, qui sera affranchie par ce moyen et les enfants rendus libres et légitimes.

Art. 10. – Les solennités prescrites par l'ordonnance de Blois et par la Déclaration de 1639 pour les mariages seront observées tant à l'égard des personnes libres que des esclaves, sans néanmoins que le consentement du père et de la mère de l'esclave y soit nécessaire, mais celui du maître seulement.

Art. 11. – Défendons très expressément aux curés de procéder aux mariages des esclaves, s'ils ne font apparoir du consentement de leurs maîtres. Défendons aussi aux maîtres d'user d'aucunes contraintes sur leurs esclaves pour les marier contre leur gré.

Art. 12. – Les enfants qui naîtront des mariages entre esclaves seront esclaves et appartiendront aux maîtres des femmes esclaves et non à ceux de leurs maris, si le mari et la femme ont des maîtres différents.

Art. 13. – Voulons que, si le mari esclave a épousé une femme libre, les enfants, tant mâles que filles, suivent la condition de leur mère et soient libres comme elle, non-obstant la servitude de leur père, et que, si le père est libre et la mère esclave, les enfants soient esclaves pareillement.

Art. 14. – Les maîtres seront tenus de faire enterrer en terre sainte, dans les cimetières destinés à cet effet, leurs esclaves baptisés. Et, à l'égard de ceux qui mourront sans avoir reçu le baptême, ils seront enterrés la nuit dans quelque champ voisin du lieu où ils seront décédés.

Art. 15. – Défendons aux esclaves de porter aucunes armes offensives ni de gros bâtons, à peine de fouet et de confiscation des armes au profit de celui qui les en trouvera saisis, à l'exception seulement de ceux qui sont envoyés à la chasse par leurs maîtres et qui seront porteurs de leurs billets ou marques connus.

Art. 16. – Défendons pareillement aux esclaves appartenant à différents maîtres de s'attrouper le jour ou la nuit sous prétexte de noces ou autrement, soit chez l'un de leurs maîtres ou ailleurs, et encore moins dans les grands chemins ou lieux écartés, à peine de punition corporelle qui ne pourra être moindre que du fouet et de la fleur de lys ; et, en cas de fréquentes récidives et autres circonstances aggravantes, pourront être punis de mort, ce que nous laissons à l'arbitrage des juges. Enjoignons à tous nos sujets de courir sus aux contrevenants, et de les arrêter et de les conduire en prison, bien qu'ils ne soient officiers et qu'il n'y ait contre eux encore aucun décret.

Art. 17. – Les maîtres qui seront convaincus d'avoir permis ou toléré telles assemblées composées d'autres esclaves que de ceux qui leur appartiennent seront condamnés en leurs propres et privés noms de réparer tout le dommage qui aura été fait à leurs voisins à l'occasion desdites assemblées et en 10 écus d'amende pour la première fois et au double en cas de récidive.

Art. 18. – Défendons aux esclaves de vendre des cannes de sucre pour quelque cause et occasion que ce soit, même avec la permission de leurs maîtres, à peine du fouet contre les esclaves, de 10 livres tournois contre le maître qui l'aura permis et de pareille amende contre l'acheteur.

Art. 19. – Leur défendons aussi d'exposer en vente au marché ni de porter dans des maisons particulières pour vendre aucune sorte de denrées, même des fruits, légumes, bois à brûler, herbes pour la nourriture des bestiaux et leurs manufactures, sans permission expresse de leurs maîtres par un billet ou par des marques connues ; à peine de revendication des choses ainsi vendues, sans restitution de prix, pour les maîtres et de 6 livres tournois d'amende à leur profit contre les acheteurs.

Art. 20. – Voulons à cet effet que deux personnes soient préposées par nos officiers dans chaque marché pour examiner les denrées et marchandises qui y seront apportées par les esclaves, ensemble les billets et marques de leurs maîtres dont ils seront porteurs.

Art. 21. – Permettons à tous nos sujets habitants des îles de se saisir de toutes les choses dont ils trouveront les esclaves chargés, lorsqu'ils n'auront point de billets de leurs maîtres, ni de marques connues, pour être rendues incessamment à leurs maîtres, si leur habitation est voisine du lieu où leurs esclaves auront été surpris en délit : sinon elles seront incessamment envoyées à l'hôpital pour y être en dépôt jusqu'à ce que les maîtres en aient été avertis.

Art. 22. – Seront tenus les maîtres de faire fournir, par chacune semaine, à leurs esclaves âgés de dix ans et au-dessus, pour leur nourriture, deux pots et demi, mesure de Paris, de farine de manioc, ou trois cassaves pesant chacune 2 livres et demie au moins, ou choses équivalentes, avec 2 livres de bœuf salé, ou 3 livres de poisson, ou autres choses à proportion : et aux enfants, depuis qu'ils sont sevrés jusqu'à l'âge de dix ans, la moitié des vivres ci-dessus.

Art. 23. – Leur défendons de donner aux esclaves de l'eau-de-vie de canne ou guildive, pour tenir lieu de subsistance mentionnée en l'article précédent.

Art. 24. – Leur défendons pareillement de se décharger de la nourriture et subsistance de leurs esclaves en leur permettant de travailler certain jour de la semaine pour leur compte particulier.

Art. 25. – Seront tenus les maîtres de fournir à chaque esclave, par chacun an, deux habits de toile ou quatre aunes de toile, au gré des maîtres.

Art. 26. – Les esclaves qui ne seront point nourris, vêtus et entretenus par leurs maîtres, selon que nous l'avons ordonné par ces présentes, pourront en donner avis à notre procureur général et mettre leurs mémoires entre ses mains, sur lesquels et même d'office, si les avis viennent d'ailleurs, les maîtres seront poursuivis à sa requête et sans frais ; ce que nous voulons être observé pour les crimes et traitements barbares et inhumains des maîtres envers leurs esclaves.

Art. 27. – Les esclaves infirmes par vieillesse, maladie ou autrement, soit que la maladie soit incurable ou non, seront nourris et entretenus par leurs maîtres, et, en cas qu'ils eussent abandonnés, lesdits esclaves seront adjugés à l'hôpital, auquel les maîtres seront condamnés de payer 6 sols par chacun jour, pour la nourriture et l'entretien de chacun esclave.

Art. 28. – Déclarons les esclaves ne pouvoir rien avoir qui ne soit à leurs maîtres ; et tout ce qui leur vient par industrie, ou par la libéralité d'autres personnes, ou autrement, à quelque titre que ce soit, être acquis en pleine propriété à leurs maîtres, sans que les enfants des esclaves, leurs pères et mères, leurs parents et tous autres y puissent rien prétendre par successions, dispositions entre vifs ou à cause de mort ; lesquelles dispositions nous déclarons nulles, ensemble toutes les promesses et obligations qu'ils auraient faites, comme étant faites par gens incapables de disposer et contracter de leur chef.

Art. 29. – Voulons néanmoins que les maîtres soient tenus de ce que leurs esclaves auront fait par leur commandement, ensemble de ce qu'ils auront géré et négocié dans les boutiques, et pour l'espèce particulière de commerce à laquelle leurs maîtres les auront préposés, et au cas que leurs maîtres ne leur aient donné aucun ordre et ne les aient point préposés, ils seront tenus seulement jusqu'à concurrence de ce qui aura tourné à leur profit, et, si rien n'a tourné au profit des maîtres, le pécule desdits esclaves que les maîtres leur auront permis d'avoir en sera tenu, après que les maîtres en auront déduit par préférence ce qui pourra leur être dû ; sinon que le pécule consistât en tout ou partie en marchandises, dont les esclaves auraient permission de faire trafic à part, sur lesquelles leurs maîtres viendront seulement par contribution au sol la livre avec les autres créanciers.

Art. 30. – Ne pourront les esclaves être pourvus d'office ni de commission ayant quelque fonction publique, ni être constitués agents par autres que leurs maîtres pour gérer et administrer aucun négoce, ni être arbitres, experts ou témoins, tant en matière civile que criminelle : et en cas qu'ils soient ouïs en témoignage, leur déposition ne servira que de mémoire pour aider les juges à s'éclairer d'ailleurs, sans qu'on en puisse tire aucune présomption, ni conjoncture, ni adminicule de preuve.

Art. 31. – Ne pourront aussi les esclaves être parties ni être (*sic*) en jugement en matière civile, tant en demandant qu'en défendant, ni être parties civiles en matière criminelle, sauf à leurs maîtres d'agir et défendre en matière civile et de poursuivre en matière criminelle la réparation des outrages et excès qui auront été contre leurs esclaves.

Art. 32. – Pourront les esclaves être poursuivis criminellement, sans qu'il soit besoin de rendre leurs maîtres partie, (sinon) en cas de complicité : et seront les esclaves accusés, jugés en première instance par les juges ordinaires et par appel au Conseil souverain, sur la même instruction et avec les mêmes formalités que les personnes libres.

Art. 33. – L'esclave qui aura frappé son maître, sa maîtresse ou le mari de sa maîtresse, ou leurs enfants avec contusion ou effusion de sang, ou au visage, sera puni de mort.

Art. 34. – Et quant aux excès et voies de fait qui seront commis par les esclaves contre les personnes libres, voulons qu'ils soient sévèrement punis, même de mort, s'il y échet.

Art. 35. – Les vols qualifiés, même ceux de chevaux, cavales, mulets, bœufs ou vaches, qui auront été faits par les esclaves ou par les affranchis, seront punis de peines afflictives, même de mort, si le cas le requiert.

Art. 36. – Les vols de moutons, chèvres, cochons, volailles, canne à sucre, pois, mil, manioc ou autres légumes, faits par les esclaves, seront punis selon la qualité du vol, par les juges qui pourront, s'il y échet, les condamner d'être battus de verges par l'exécuteur de la haute justice et marqués d'une fleur de lys.

Art. 37. – Seront tenus les maîtres, en cas de vol ou d'autre dommage causé par leurs esclaves, outre la peine corporelle des esclaves, de réparer le tort en leur nom, s'ils n'aiment mieux abandonner l'esclave à celui auquel le tort a été fait; ce qu'ils seront tenus d'opter dans trois jours, à compter de celui de la condamnation, autrement ils en seront déchus.

Art. 38. – L'esclave fugitif qui aura été en fuite pendant un mois, à compter du jour que son maître l'aura dénoncé en justice, aura les oreilles coupées et sera marqué d'une fleur de lis une épaule; s'il récidive un autre mois pareillement du jour de la dénonciation, il aura le jarret coupé, et il sera marqué d'une fleur de lys sur l'autre épaule; et, la troisième fois, il sera puni de mort.

Art. 39. – Les affranchis qui auront donné retraite dans leurs maisons aux esclaves fugitifs, seront condamnés par corps envers les maîtres en l'amende de 300 livres de sucre par chacun jour de rétention, et les autres personnes libres qui leur auront donné pareille retraite, en 10 livres tournois d'amende par chacun jour de rétention.

Art. 40. – L'esclave sera puni de mort sur la dénonciation de son maître non complice du crime dont il aura été condamné sera estimé avant l'exécution par deux des principaux habitants de l'île, qui seront nommés d'office par le juge, et le prix de l'estimation en sera payé au maître ; et, pour à quoi satisfaire, il sera imposé par l'intendant sur chacune tête de nègre payant droits la somme portée par l'estimation, laquelle sera régalé sur chacun desdits nègres et levée par le fermier du domaine royal pour éviter à frais.

Art. 41. – Défendons aux juges, à nos procureurs et aux greffiers de prendre aucune taxe dans les procès criminels contre les esclaves, à peine de concussion.

Art. 42. – Pourront seulement les maîtres, lorsqu'ils croiront que leurs esclaves l'auront mérité les faire enchaîner et les faire battre de verges ou cordes. Leur défendons de leur donner la torture, ni de leur faire aucune mutilation de membres, à peine de confiscation des esclaves et d'être procédé contre les maîtres extraordinairement.

Art. 43. – Enjoignons à nos officiers de poursuivre criminellement les maîtres ou les commandeurs qui auront tué un esclave étant sous leur puissance ou sous leur direction et de punir le meurtre selon l'atrocité des circonstances ; et, en cas qu'il y ait lieu à l'absolution, permettons à nos officiers de renvoyer tant les maîtres que les commandeurs absous, sans qu'ils aient besoin d'obtenir de nous Lettres de grâce.

Art. 44. – Déclarons les esclaves être meubles et comme tels entrer dans la communauté, n'avoir point de suite par hypothèque, se partager également entre les cohéritiers, sans préciput et droit d'aînesse, n'être sujets au douaire coutumier, au retrait féodal et lignager, aux droits féodaux et seigneuriaux, aux formalités des décrets, ni au retranchement des quatre quints, en cas de disposition à cause de mort et testamentaire.

Art. 45. – N'entendons toutefois priver nos sujets de la faculté de les stipuler propres à leurs personnes et aux leurs de leur côté et ligne, ainsi qu'il se pratique pour les sommes de deniers et autres choses mobiliaires (*sic*).

Art. 46. – Seront dans les saisies des esclaves observées les formes prescrites par nos ordonnances et les coutumes pour les saisies des choses mobiliaires. Voulons que les deniers en provenant soient distribués par ordre de saisies ; ou, en cas de déconfiture, au sol la livre, après que les dettes privilégiées auront été payées et généralement que la condition des esclaves soit réglée en toutes affaires comme celle des autres choses mobiliaires, aux exceptions suivantes.

Art. 47. – Ne pourront être saisis et vendus séparément le mari, la femme et leurs enfants impubères, s'ils sont tous sous la puissance d'un même maître ; déclarons nulles les saisies et ventes séparées qui en seront faites ; ce que nous voulons avoir lieu dans les aliénations volontaires, sous peine, contre ceux qui feront les aliénations, d'être privés de celui ou de ceux qu'ils auront gardés, qui seront adjugés aux acquéreurs, sans qu'ils soient tenus de faire aucun supplément de prix.

Art. 48. – Ne pourront aussi les esclaves travaillant actuellement dans les sucreries, indigoteries et habitations, âgés de quatorze ans et au-dessus jusqu'à soixante ans, être saisis pour dettes, sinon pour ce qui sera dû du prix de leur achat, ou que la sucrerie, indigoterie, habitation, dans laquelle ils travaillent soit saisie réellement ; défendons, à peine de nullité, de procéder par saisie réelle et adjudication par décret sur les sucreries, indigoteries et habitations, sans y comprendre les nègres de l'âge susdit y travaillant actuellement.

Art. 49. – Le fermier judiciaire des sucreries, indigoteries, ou habitations saisies réellement conjointement avec les esclaves, sera tenu de payer le prix entier de son bail, sans qu'il puisse compter parmi les fruits qu'il perçoit les enfants qui seront nés des esclaves pendant son bail.

Art. 50. – Voulons, nonobstant toutes conventions contraires, que nous déclarons nulles, que lesdits enfants appartiennent à la partie saisie, si les créanciers sont satisfaits d'ailleurs, ou à l'adjudicataire, s'il intervient un décret ; et, à cet effet, il sera fait mention dans la dernière affiche, avant l'interposition du décret, desdits enfants nés esclaves depuis la saisie réelle. Il sera fait mention, dans la même affiche, des esclaves décédés depuis la saisie réelle dans laquelle ils étaient compris.

Art. 51. – Voulons, pour éviter aux frais et aux longueurs des procédures, que la distribution du prix entier de l'adjudication conjointe des fonds et des esclaves, et de ce qui proviendra du prix des baux judiciaires, soit faite entre les créanciers selon l'ordre de leurs privilèges et hypothèques, sans distinguer ce qui est pour le prix des fonds d'avec ce qui est pour le prix des esclaves.

Art. 52. – Et néanmoins les droits féodaux et seigneuriaux ne seront payés qu'à proportion du prix des fonds.

Art. 53. – Ne seront reçus les lignagers et seigneurs féodaux à retirer les fonds décrétés, s'ils ne retirent les esclaves vendus conjointement avec fonds ni l'adjudicataire à retenir les esclaves sans les fonds.

Art. 54. – Enjoignons aux gardiens nobles et bourgeois usufruitiers, amodiateurs et autres jouissants des fonds auxquels sont attachés les esclaves qui y travaillent, de gouverner lesdits esclaves comme bons pères de famille, sans qu'ils soient tenus, après leur administration finie, de rendre le prix de ceux qui seront décédés ou diminués par maladie, vieillesse ou autrement, sans leur faute, et sans qu'ils puissent aussi retenir comme fruits à leur profit les enfants nés desdits esclaves durant leur administration, lesquels nous voulons être conservés et rendus à ceux qui en sont maîtres et les propriétaires.

Art. 55. – Les maîtres âgés de vingt ans pourront affranchir leurs esclaves par tous actes vifs ou à cause de mort, sans qu'ils soient tenus de rendre raison de l'affranchissement, ni qu'ils aient besoin d'avis de parents, encore qu'ils soient mineurs de vingt-cinq ans.

Art. 56. – Les esclaves qui auront été fait légataires universels par leurs maîtres ou nommés exécuteurs de leurs testaments ou tuteurs de leurs enfants, seront tenus et réputés, les tenons et réputons pour affranchis.

Art. 57. – Déclarons leurs affranchissements faits dans nos îles, leur tenir lieu de naissance dans nosdites îles et les esclaves affranchis n'avoir besoin de nos lettres de naturalité pour jouir des avantages de nos sujets naturels de notre royauté, terres et pays de notre obéissance, encore qu'ils soient nés dans les pays étrangers.

Art. 58. – Commandons aux affranchis de porter un respect singulier à leurs anciens maîtres, à leurs veuves et à leurs enfants, en sorte que l'injure qu'ils leur auront faite soit punie plus grièvement que si elle était faite à une autre personne : les déclarons toutefois francs et quittes envers eux de toutes autres charges, services et droits utiles que leurs anciens maîtres voudraient prétendre tant sur leurs personnes que sur leurs biens et successions en qualité de patrons.

Art. 59. – Octroyons aux affranchis les mêmes droits, privilèges et immunités dont jouissent les personnes nées libres ; voulons que le mérite d'une liberté acquise produise en eux, tant pour leurs personnes que pour leurs biens, les mêmes effets que le bonheur de la liberté naturelle cause à nos autres sujets.

Art. 60. – Déclarons les confiscations et les amendes qui n'ont point de destination particulière, par ces présentes nous appartenir, pour être payées à ceux qui sont préposés à la recette de nos droits et de nos revenus ; voulons néanmoins que distrac-

tion soit faite du tiers desdites confiscations et amendes au profit de l'hôpital établi dans l'île où elles auront été adjugées.

*Si donnons l'ordre à nos aimés et loyaux gens
tenant notre conseil souverain établi à la Martinique, Guadeloupe, Saint-Christophe, que ces
présentes ils aient à les faire lire, publier et enregistrer, et le contenu en elles garder et observer
de point en point selon leur forme et teneur,
sans contrevenir ni permettre qu'il y soit
contrevenu en quelque sorte et manière que ce
soit, nonobstant tous édits, déclarations, arrêts
et usages, auxquels nous avons dérogé et déro-
geons par ces dites présentes, car tel est notre
plaisir.*

*Et enfin que ce soit chose ferme et stable à
toujours, nous y avons fait mettre notre sceau.*

*Donné à Versailles au mois de mars 1685.
Signé : Louis le quatorzième.*

LE CODE NOIR
DE DÉCEMBRE 1723
édit du Roi sur les esclaves
pour les Îles de France et de Bourbon
(Île Maurice et La Réunion)
(extraits)

Article 1er. – Tous les esclaves qui seront dans les îles de Bourbon, de France et autres établissements voisins seront instruits dans la religion catholique, apostolique et romaine, et baptisés à peine d'amende arbitraire. Enjoignons aux Conseils établis dans les dites îles ou directeurs pour la Compagnie d'y tenir exactement la main [...].

Art. 4. – Enjoignons à tous nos sujets, de quelque qualité et condition qu'ils soient, d'observer régulièrement les jours de dimanches et fêtes, leur défendons de travailler ni faire travailler leurs esclaves aux dits jours, depuis l'heure de minuit jusqu'à l'autre minuit, à la culture de la terre et à tous autres ouvrages à peine d'amende et de punition arbitraire contre les maîtres, et de confiscation des esclaves qui seront surpris par nos officiers dans le travail;

peuvent néanmoins envoyer leurs esclaves aux marchés.

Art. 5. – Défendons à nos sujets blancs de l'un et l'autre sexe de contracter mariage avec les noirs à peine de punition et d'amende arbitraire Défendons aussi à nos dits sujets blancs, même avec noirs affranchis ou nés libres, de vivre en concubinage avec des esclaves n'entendons toutefois le présent article avoir lieu lorsque l'homme noir affranchi ou libre qui n'était pas marié durant son concubinage avec son esclave, épousera dans les formes prescrites par l'église, la dite esclave qui (sera) affranchie par ce moyen et les enfants rendus libres et légitimes.

Art. 6. – En ce qui concerne les mariages d'esclaves « le consentement du père et de la mère de l'esclave » n'est pas nécessaire, mais celui du maître seulement.

Art. 7. – Défendons très expressément aux curés de procéder au mariage des esclaves s'ils n'ont pas le consentement de leurs maîtres. Défendons aussi aux maîtres d'user d'aucune contrainte sur leurs esclaves pour les marier contre leur gré.

Art. 8. – Les enfants qui naîtront des mariages entre les esclaves seront esclaves et appartiendront aux maîtres des femmes esclaves et non à ceux de leurs maris, si les maris et les femmes ont des maîtres différents.

Art. 9. – Voulons que si le mari esclave a épousé une femme libre, les enfants tant que mâles que filles, suivront la condition de leur mère et seront libres comme elle, nonobstant la servitude de leur père, et que si le père est libre et la mère esclave, les enfants soient esclaves pareillement. [...]

Art. 11. – Défendons aux esclaves de porter aucune arme offensive ni de gros bâtons, à peine du fouet et de confiscation de ses armes à l'exception seulement de ceux qui seront envoyés à la chasse par leurs maîtres ou qui seront porteurs de leurs billets ou marques connues.

Art. 12. – Défendons pareillement aux esclaves appartenant à différents maîtres de s'attrouper le jour ou la nuit sous prétexte de noces ou (autres), soit chez l'un de leurs martres ou ailleurs. Et encore moins dans les grands chemins ou lieux écartés, à peine de punition corporelle qui ne pourra être moindre que du fouet et de la fleur de Lys, et en cas de fréquentes récidives et autres circonstances aggravantes, pourront être punis de mort, ce que nous laissons à l'arbitrage des juges [...].

Art. 17. – Voulons que les officiers des Conseils... chacun en ce qui les concerne ou les directeurs pour la Compagnie. Nous envoient leurs avis sur la quantité de vivres et la qualité de l'habillement qu'il convient que les maîtres fournissent à leurs esclaves, lesquels vivres doivent leur être fournis (pour chaque) semaine et l'habillement pour chaque année. [...]

Art. 19. – Les esclaves qui ne seront pas nourris, vêtus et entretenus par leurs maîtres, pourront en donner avis au procureur général des Conseils. Les maîtres seront poursuivis à sa requête et sans frais, ce que nous voulons être observés pour les crimes et pour les traitements barbares et inhumains des maîtres envers leurs esclaves.

Art. 20. – Les esclaves infirmes par vieillesse, maladie ou (autres) soit que la maladie soit incurable ou non, seront nourris et entretenus par leurs maîtres et en cas qu'ils eussent abandonné lesdits esclaves seront adjugés à l'hôpital le plus proche...

Les maîtres seront condamnés de payer quatre sols pour chacun pour la nourriture et entretien de chaque esclave. [...]

Art. 23. – Ne peuvent les esclaves être pourvus d'offices ni de commissions ayant quelque fonction publique. Ne peuvent aussi être témoins tant en matière civile que criminelle à moins qu'ils ne soient témoins nécessaires et seulement à défaut de blancs, mais dans aucun cas ils ne pourront servir de témoins pour ou contre leur maître.

Art. 24. – Ne pourront aussi les esclaves être partie ni être en jugement en matière civile ni être partie civile en matière criminelle sauf à leurs maîtres d'agir et défendre en matière civile et de poursuivre en matière criminelle la réparation des outrages et excès qui auront été commis contre leurs esclaves. [...]

Art. 26. – L'esclave qui aura frappé son maître, sa maîtresse, le mari de sa maîtresse ou leurs enfants. avec contusion ou effusion de sang, ou au visage, sera puni de mort.

Art. 27. – Et quant aux excès et voies de fait qui seront commis par les esclaves contre les personnes libres, voulons qu'ils soient punis, même de mort.

Art. 28. – Les vols qualifiés. même ceux de chariots... mulets, bœufs ou vaches, qui auront été faits par les esclaves ou par les affranchis. soient punis de peines afflictives même de mort. si le cas le requiert.

Art. 29. – Les vols de moutons, chèvres. cochons, volailles, grains, fourrages, pois, fanes ou autres légumes et denrées, faits par les esclaves, seront punis, selon la qualité du vol, par les juges qui pourront, s'il y échoit, les condamner d'être battus de verges par l'exécuteur de la haute justice et marqués d'une fleur de lys. [...]

Art. 34. – [...] Défendons aussi à tous nos sujets [...] de quelque qualité et conditions qu'ils soient, de donner ou faire donner, de leur autorité privée, la question ou torture à leurs esclaves, sous quelque prétexte que ce soit, ni de leur faire faire aucune mutilation de membre, à peine de confiscation des esclaves ; leur permettons seulement lorsqu'ils croiront que leurs esclaves l'auront mérité, de les faire enchaîner et battre de verges ou cordes. [...]

Art. 39. – Voulons que les esclaves soient réputés meubles et comme tels qu'ils entrent dans la communauté, qu'il n'y ait point de suite par hypothèque sur eux, qu'ils se partagent également entre les cohéritiers. [...]

Art. 42. – Voulons mentionner que le mari, la femme et leurs enfants impubères, ne puissent être saisis et vendus séparément s'ils sont tous sous la puissance d'un seul maître. [...]

Signé : Louis le quinzième.

Déclaration des Droits de l'Homme et du Citoyen
du 26 août 1789
(extraits)

Les représentants du peuple français, constitués en Assemblée nationale, considérant que l'ignorance, l'oubli ou le mépris des droits de l'Homme sont les seules causes des malheurs publics et de la corruption des Gouvernements, ont résolu d'exposer, dans une Déclaration solennelle, les droits naturels, inaliénables et sacrés de l'Homme, afin que cette Déclaration, constamment présente à tous les membres du corps social, leur rappelle sans cesse leurs droits et leurs devoirs ; afin que leurs actes du pouvoir législatif, et ceux du pouvoir exécutif, pouvant être à chaque instant comparés avec le but de toute institution politique, en soient plus respectés ; afin que les réclamations des citoyens, fondées désormais sur des principes simples et incontestables, tournent toujours au maintien de la Constitution et au bonheur de tous.

En conséquence, l'Assemblée nationale reconnaît et déclare, en présence et sous les auspices de l'être suprême, les droits suivants de l'Homme et du Citoyen.

Article 1er. – Les hommes naissent et demeurent libres et égaux en droits. Les distinctions sociales ne peuvent être fondées que sur l'utilité commune.

Art. 2. – Le but de toute association politique est la conservation des droits naturels et imprescriptibles de l'Homme. Ces droits sont la liberté, la propriété, la sûreté, et la résistance à l'oppression. [...]

DÉCRET DU 4 FÉVRIER 1794
(16 pluviôse an II)

La Convention nationale :

– déclare aboli l'esclavage des nègres dans toutes les colonies : en conséquence, elle décrète que tous les hommes, sans distinction de couleurs, domiciliés dans les colonies, sont citoyens français, et jouiront de tous les droits assurés par la Constitution ;

– renvoie au Comité de salut public pour lui faire incessamment un rapport sur les mesures à prendre pour l'exécution du décret.

LOI RELATIVE À LA TRAITE DES NOIRS ET AU RÉGIME DES COLONIES DU **20 MAI 1802**
(30 floréal an X)

rétablissement de l'esclavage par Bonaparte

Au nom du peuple français, Bonaparte, Premier Consul, proclame loi de la République le décret suivant, rendu par le corps législatif le 30 floréal an X, conformément à la proposition faite par le Gouvernement le 27 dudit mois, communiquée au Tribunat le même jour.
Décrète :

Article 1er. – Dans les colonies restituées à la France en exécution du traité d'Amiens, du 6 germinal an X, l'esclavage sera maintenu conformément aux lois et règlements antérieurs à 1789.

Art. 2. – Il en sera de même dans les autres colonies françaises au-delà du Cap de Bonne-Espérance.

Art. 3. – La traite des noirs et leur importation dans lesdites colonies, auront lieu,

conformément aux lois et règlements exis-
tants avant ladite époque de 1789.

Art. 4. – Nonobstant toutes lois anté-
rieures, le régime des colonies est soumis,
pendant dix ans, aux règlements qui seront
faits par le Gouvernement. [...]

*Soit la présente loi revêtue du sceau de l'État,
insérée au Bulletin des lois, inscrite dans les
registres des autorités judiciaires et adminis-
tratives, et le ministre de la justice chargé d'en
surveiller la publication.*

*À Paris,
le 10 prairial an X de la République.
Signé Bonaparte, Premier Consul.*

Arrêté Richepance
du **17 juillet 1802**
(28 messidor an X)
RÉTABLISSANT L'ESCLAVAGE

Considérant que par l'effet de la révolution et d'une guerre extraordinaire, il s'est introduit dans les noms et les choses de ce pays des abus subversifs de la sûreté et de la prospérité d'une colonie ;

Considérant que les colonies ne sont autre chose que des établissements formés par les Européens, qui y ont amené des noirs comme les seuls individus propres à l'exploitation de ces pays ; qu'entre ces deux classes fondamentales des colons et de leurs noirs, se sont formées des races de sang-mêlé toujours distinctes des blancs, qui ont formé les établissements ;

Considérant que ceux-ci seuls sont les indigènes de la nation française et doivent en exercer les prérogatives ;

Considérant que les bienfaits accordés par la mère patrie, en atténuant les principes essentiels de ces établissements, n'ont servi qu'à dénaturer tous les éléments de leur existence, et à amener progressivement cette conspiration générale, qui a éclaté dans cette colonie contre les blancs et les troupes envoyées sous les ordres du général par le gouvernement consulaire, tandis que les autres colonies soumises à un régime domestique et paternel, offrent le tableau de l'aisance de toutes les classes d'hommes en contraste avec le vagabondage, la paresse, la misère et tous les maux qui ont accablé cette colonie, et particulièrement les noirs livrés à eux-mêmes ;

De sorte que la justice nationale et l'humanité commandent autant que la politique le retour des vrais principes sur lesquels reposent la sécurité et les succès des établissements formés par les Français en cette colonie, en même temps que le gouvernement proscrira avec ardeur les abus et les excès qui s'étaient manifestés anciennement et qui pourraient se remonter encore.

Article 1er. – Jusqu'à ce qu'il en soit autrement ordonné, le titre de citoyen français ne sera porté, dans l'étendue de cette colonie et dépendances, que par les blancs. Aucun autre individu ne pourra prendre ce titre ni exercer les fonctions ou emplois qui y sont attachés. Les blancs seuls qui auront été inscrits dans la garde nationale, depuis l'âge de 15 ans jusqu'à 55, auront le droit d'en porter l'uniforme et d'avoir des armes à leur usage. Ceux des blancs qui n'y seraient pas inscrits ne pourront jouir du même droit, et seront dénoncés en cas de contravention, pour être statué à leur égard ce qu'il appartiendra par le général en chef.

Art. 2. – Tous autres individus que des blancs, qui n'auront pas vendu ou disposé de leurs armes en faveur des citoyens inscrits dans la garde nationale, dans le terme de cinq jours de la publication du présent, seront tenus d'en faire le dépôt ; savoir : dans les villes, chez le commandant de la place, et, dans les autres communes, chez les commissaires du Gouvernement, qui en feront, les uns et les autres, l'enregistrement, dont le double sera envoyé au général en chef. Après ce terme, il sera fait des recherches et visites domiciliaires : et tous ceux qui seraient convaincus d'avoir gardé, soustrait ou recélé des armes, en quelque lieu que ce soit, seront traduits par devant la commission militaire, pour être jugés comme complices de rébellion.

Art. 3. – Toutes les fonctions des municipalités sont suspendues et seront concentrées dans les commissaires du gouvernement de chaque commune, sous la surveillance générale du commissaire supérieur.

Art. 4. – Tous les hommes de couleur et noirs qui ne seront pas porteurs d'un acte

légal d'affranchissement de tout service
particulier, sont obligés, dans les 24 heures
pour les villes, et dans les 5 jours pour les
bourgs et campagnes, de sortir des communes où ils peuvent se trouver, pour
retourner aux propriétés dont ils dépendaient avant la guerre, excepté ceux qui
auront servi honorablement dans l'armée
de ligne, et sur le sort desquels le général
en chef aura à prononcer, d'après le rapport du commissaire supérieur. La disposition du présent article est générale et
aura son effet nonobstant tous arrêtés,
règlements, ordres ou autorisations à
ce contraires, si ce n'est le cas de l'article 6[e]
ci-après.

Art. 5. – À cet effet, il leur sera expédié
des congés par les commissaires du Gouvernement, qui leur assigneront la voie par
laquelle ils se rendront aux dites propriétés, où le général en chef leur accorde
grâce, quel que puisse avoir été le motif de
leur absence.

Art. 6. – Sont cependant maintenus jusqu'à la fin du bail tous ceux qui ont été
loués avec les domaines dits nationaux, et
auxquels ils sont censés appartenir jusqu'à
résiliation ou fin du bail.

Art. 7. – Tous ceux qui ne se trouveront point rendus sur les propriétés ou au service dont ils dépendent, ainsi qu'il est dit ci-dessus, dans les cinq jours de la publication du présent, seront considérés comme complices de rébellion.

À l'expiration de ce terme, les autorités civiles et militaires en feront faire les perquisitions et poursuites les plus vigoureuses ; en cas de résistance ou de fuite, ils pourront être arrêtés morts ou vifs ; ceux dont on s'emparera après le délai de grâce, s'ils sont prévenus de quelques actes directs de rébellion, seront traduits à la commission militaire, sinon, seront détenus à la geôle jusqu'à réclamation du maître, appuyée de l'autorisation du commissaire du Gouvernement du heu où ils sont incarcérés, et subiront en y entrant la peine correctionnelle qui sera infligée par ledit commissaire.

Art. 8. – Tous individus dont les propriétés respectives, desquelles ils dépendaient avant la guerre, sont hors de la colonie, seront tenus et sous les mêmes peines prononcés dans l'article 7, de se présenter aussi dans les 24 heures, au commissaire du Gouvernement de la commune où ils peuvent se trouver, pour être remis au dépôt fixé dans la ville Basse-Terre, et être distribués ainsi que le jugera à propos le général en chef, d'après le rapport du commissaire supérieur.

Art. 9. – Tous individus venus depuis la reprise du pays sur les Anglais, et qui seraient porteurs d'un acte légal d'affranchissement, seront tenus de se présenter dans les cinq jours de la publication du présent, au commissaire du Gouvernement, pour se faire délivrer un congé, à l'effet de retourner dans le pays qu'ils habitaient ou partout ailleurs, la paix ayant rendu les communications et les résidences libres, dans toutes les dépendances de la République. Les délinquants seront poursuivis et incarcérés, pour être remis à la disposition du général en chef.

Art. 10. – Ceux qui favoriseraient les contrevenants aux différentes dispositions établies ci-dessus, en leur fournissant un asile ou quelque assistance que ce soit, seront sujets aux mêmes peines qu'eux ; et, si ce sont des blancs, ils seront arrêtés et envoyés sous bonne escorte au général en chef, qui prononcera telle amende qu'il appartiendra et renverra à la commission militaire, s'il y a heu la longue détention, ou à des peines plus fortes, suivant la gravité du délit, surtout s'il y a complicité des brigands, sans préjudice des indemnités en faveur des propriétaires, comme il va être déclaré à l'égard des divagants.

Art. 11. – À l'avenir, tout divagant au-dessus de l'âge de 14 ans sera puni pour la première fois d'un an de chaîne, et de la discipline correctionnelle sur la propriété à laquelle il est attaché ; à la seconde fois, il sera puni de 5 ans de chaîne, outre la discipline correctionnelle, et, en cas de récidive, il sera livré à la commission militaire ou au tribunal spécialement établi à cet effet, qui lui appliquera des peines décernées contre les brigands, et les voleurs publics. Dans tous les cas, le divagant qui sera rencontré avec des armes sera jugé d'après ces dernières dispositions.

Art. 12. – Chaque habitant a la police particulière de son habitation, et peut infliger les peines spécifiées dans l'article précédent, ainsi que la punition du cachot, sous la surveillance du commissaire du Gouvernement, qui est tenu de réprimer, d'énoncer et poursuivre, sous sa responsabilité, tous abus et excès qui pourraient être commis de la part d'aucun habitant ; cette disposition est spécialement confiée au zèle et à la justice du commissaire supérieur.

Art. 13. – Les maîtres seront tenus de déclarer leurs divagants, dans les 24 heures de leur absence, au commissaire du Gouvernement, qui recevra lesdites déclarations sur un registre particulier ; sous peine, contre l'habitant qui négligera de faire sa déclaration, d'être déchu de toute indemnité qui sera acquise au profit du trésor, et même de ses droits sur ledit individu, si ce dernier est arrêté après 10 jours d'absence, sans avoir été déclaré.

Art. 14. – Tout citoyen dans les villes, bourgs et dans la campagne, qui, au mépris du présent arrêté, continuerait à garder, ou à l'avenir se trouverait avoir, travaillant au profit dudit citoyen, sur ses propriétés ou à son service, un ou plusieurs individus qui n'en dépendent point, sans la permission expresse du véritable propriétaire, ou sans la permission du commissaire du Gouvernement de la commune où il réside, qui aurait reconnu son état d'affranchissement, sera réputé receleur de divagants.

Art. 15. – Tout receleur ou fauteur de la divagation sera condamné, par le fait même, à payer, dans les 24 heures, à la diligence du commissaire du Gouvernement de la résidence où le fait aura lieu, une amende de 200 gourdes pour chacun des divagants désignés dans l'article 14 ; et, si ce qu'il possède ne peut suffire au payement de l'amende, il sera puni d'un an de détention. L'amende, pour la seconde fois, sera de 400 gourdes par divagant, sans préjudice et en outre d'un an de détention ; au cas où il serait insolvable, il sera banni de la colonie pour 10 ans. Enfin, pour la troisième fois, ses biens seront confisqués, et il sera banni à perpétuité. Dans tous les cas, il sera prélevé, sur lesdites peines pécuniaires, l'indemnité due au maître du divagant, à raison d'une gourde par jour, depuis la date de la déclaration qui en aura été faite au désir de l'article 13.

Art. 16. – Tout individu noir ou de couleur, attaché à quelque propriété, qui sera complice ou fauteur de la divagation, subira les mêmes peines que celles prononcées contre les divagants.

Art. 17. – Tous propriétaires, locataires et autres particuliers dans les villes comme dans les bourgs et campagnes sont tenus, sous les mêmes peines que les receleurs de divagants, de déclarer, dans les 10 jours de la publication du présent, au commissaire du Gouvernement de leur résidence, tous les noirs nouveaux provenant des prises faites pendant la guerre, et qui ont été mis ou sont parvenus en leur possession, présents ou non, pour en être dressé, par lesdits commissaires, un état nominatif qu'ils adresseront au commissaire supérieur, chargé d'en faire le rapport au général en chef, qui prendra telle mesure qu'il jugera convenable ; ledit état fera mention de l'habitation où est placé l'individu dont il s'agit, du propriétaire ou locataire au service de qui il est, et de toutes les circonstances ou observations qui seront déclarées ou connues sur ledit individu. L'individu de cette classe qui sera trouvé divagant, à moins qu'il ne soit dans l'exception de l'article 6, sera réputé épave, et envoyé de suite au commissaire du Gouvernement à la Basse-Terre, qui le fera mettre au dépôt général de la geôle de ladite ville, en en donnant avis au commissaire supérieur, qui en fera son rapport comme ci-dessus.

Art. 18. – Pour réprimer les abus et infidélités qui existaient dans l'imposition du quart, alloué aux cultivateurs sur les revenus, en y substituant un ordre de choses plus conforme à l'humanité, à dater du 20 thermidor prochain, exclusivement, le payement du quart est aboli. Tous les comptes seront néanmoins réglés et arrêtés jusqu'à cette époque par les commissaires du Gouvernement, qui seront tenus d'en envoyer le tableau, dans le mois, au commissaire supérieur, en faisant mention du payement, pour qu'au contraire, il soit pris par le général en chef telles mesures qu'il appartiendra, excepté pour les habitations qui ont pu être incendiées, en tout ou en partie, dans les derniers événements, lesquelles en sont pleinement déchargées.

À dater du 20 thermidor prochain, inclusivement, le temps du travail des cultivateurs et autres individus attachés aux manufactures sera divisé par semaine : il y aura repos, tous les dimanches. Le général en chef va s'occuper des moyens de rétablir l'exercice du culte dans toute la colonie, conformément à ce qui est établi en France.

À dater de la même époque, les habitants seront obligés de nourrir et vêtir les individus attachés à leurs habitations, savoir :

- pour le vêtement, deux rechanges par an, en toile, au gré des maîtres ;

- pour la nourriture, à chacun des individus depuis l'âge de 10 ans et au-dessus, 2 livres de viande ou 3 livres de morue, 2 pots de farine de manioc, ou l'équivalent en autres vivres, par chaque semaine, et la moitié des vivres seulement à tous les enfants depuis qu'ils sont sevrés jusqu'à l'âge de 10 ans.

Les habitants seront tenus d'entretenir dans tous les temps une certaine quantité de plantations en vivres, qui ne pourra être au-dessous de 5 carrés par 50 têtes de noirs travaillants. Ils seront également tenus d'avoir un hôpital particulier où seront soignés, nourris et médicamentés à leurs frais, les malades et infirmes, avec un officier de santé dans les communes où il y en a.

Les dispositions du présent article sont spécialement recommandées à la surveillance et à l'humanité des commissaires du Gouvernement, sous l'inspection particulière du commissaire supérieur.

Art. 19. – Les mesures prescrites par les arrêtés précédents du général en chef sont maintenues en tout ce qui n'est point contraire au présent, qui sera imprimé, lu, publié, enregistré et affiché, partout ou besoin sera.

Ordonne à tous les officiers civils, militaires, tribunaux, notaires, et chacun en ce qui les concerne, d'avoir à s'y conformer.

Fait au quartier général,
à la Basse-Terre (Guadeloupe),
le 28 messidor de l'an X
de la République française.

ARRÊTÉ DU 7 NOVEMBRE 1805
(16 brumaire an XIV)

Napoléon Ier promulgue le Code civil
aux colonies

Article 3. – Les Lois du Code Civil
relatives au mariage, à l'adoption, à la
reconnaissance des enfans (*sic*) naturels,
aux droits des enfans dans la succession de
leurs père et mère, aux libéralités faites par
testament ou donations, aux tutelles offi-
cieuses ou datives, ne seront exécutées
dans la colonie que des blancs aux blancs
entre eux, et des affranchis ou des descendants d'affranchis entre eux, sans que par
aucune voie directe ou indirecte aucune
des dites dispositions puisse avoir lieu
d'une classe à l'autre.

*Schoelcher indique en note que le considérant
de cet article est digne de la décision :*

Considérant que de tout temps on a
connu dans les colonies la distinction des
couleurs, qu'elle est indispensable dans les
pays d'esclaves, et qu'il est nécessaire d'y
maintenir la ligne de démarcation qui a

toujours existé entre la classe blanche et celle de leurs affranchis ou de leurs descen-dans (*sic*), etc.

Ordonnance royale
de Charles X
du 17 avril 1825

Charles, par la grâce de Dieu, Roi de France et de Navarre, à tous présents et à venir, salut ;

Vu les articles 14 et 73 de la Charte ;

Voulant pourvoir à ce que réclament l'intérêt du commerce français, les malheurs des anciens colons de Saint-Domingue, et l'état précaire des habitants actuels de cette île ;

Nous avons ordonné ce qui suit :

Article 1er. – Les ports de la partie française de Saint-Domingue seront ouverts au commerce de toutes les nations. Les droits perçus dans ces ports, soit sur les navires, soit sur les marchandises, tant à l'entrée qu'à la sortie, seront égaux et uniformes pour tous les pavillons, excepté le pavillon français, en faveur duquel ces droits seront réduits de moitié.

Art. 2. – Les habitants actuels de la partie française de Saint-Domingue verseront à la Caisse des Dépôts et Consignations de France en cinq termes égaux, d'année en année, le premier échéant au 1er décembre

1825, la somme de cent cinquante millions
de francs, destinée à dédommager les
anciens colons qui réclament une indemnité.

Art. 3. – Nous concédons, à ces conditions, par la présente ordonnance, aux
habitants de la partie française de Saint-
Domingue, l'indépendance pleine et
entière de leur gouvernement.

*Et ce sera la présente ordonnance scellée du
Grand Sceau.*
*Donné à Paris, au Château des Tuileries,
le 17 avril de l'An de Grâce 1825 et de notre
Règne Premier.*

Charles,
Par le Roi : le Pair de France,
Ministre et Secrétaire d'État de la Marine
et des Colonies,
Comte de Chabrol.

Proclamation du Gouverneur de la Guadeloupe et de ses dépendances, aux cultivateurs esclaves 4 avril 1848

Mes Amis,

Vous avez tous appris la bonne nouvelle qui vient d'arriver de France. Elle est bien vraie.

La liberté va venir ! courage mes enfants vous la méritiez. Ce sont vos maîtres qui l'ont demandée pour vous. L'ancien Gouvernement vous l'avait refusée parce qu'il voulait que chacun de vous se rachetât, mais la République au contraire va vous racheter tous à la fois.

Mais il faut que la République ait le temps de préparer les fonds du rachat et de faire la loi de la liberté. Ainsi, rien n'est changé jusqu'à présent. Ceux qui vous disent le contraire, vous trompent. Vous demeurez esclaves jusqu'à la promulgation de la loi. Alors, je viendrai vous dire : la liberté est arrivée, vive la République !

Jusqu'alors, il faut que vous travailliez

d'après les prescriptions de la loi pour le bénéfice des maîtres.

Il faut prouver que vous comprenez que la liberté n'est pas le droit de vagabonder, d'abandonner les habitations, de quitter les cases de vos maîtres, mais bien le droit de travailler pour soi-même. En France, tous les gens libres travaillent plus encore que vous qui êtes esclaves, et ils sont bien moins heureux que vous, car là-bas, la vie est plus difficile qu'ici.

Mes Amis, soyez dociles aux ordres de vos maîtres pour montrer que vous savez qu'il n'appartient pas à tout le monde de commander. Si vous pensiez avoir à vous plaindre, confiez-vous à vos maîtres en particulier, et si vous ne pouvez vous entendre et que cependant vous pensiez avoir raison, adressez-vous alors au Maire et au Juge de paix. La République a confié cette mission à ces deux magistrats.

S'il faut autrement que les Autorités et les Magistrats se dérangent à chaque instant pour entendre des plaintes, on n'aura pas le temps de préparer la loi et le moment de la liberté sera retardé.

Votre sort est donc dans vos mains !

Souvenez-vous de ce qui est déjà arrivé.

Du temps de vos pères, la République existait en France. Elle proclama la liberté sans indemniser les maîtres, sans organiser le travail. Elle pensait que les esclaves auraient compris qu'ils devaient travailler et s'abstenir de tout désordre. Mais ayant abandonné le travail ils devinrent plus malheureux de jour en jour et forcèrent la République à vous remettre en esclavage. Voilà pourquoi vous êtes encore esclave.

Je suis convaincu que vous montrerez, mes Amis, plus d'intelligence, et que vous ne prêterez point l'oreille aux mauvais sujets : vous n'écouterez, Vous, que les personnes honnêtes.

N'écoutez pas surtout les libres oisifs.

Vos ennemis, ce sont les paresseux. N'ayez pour eux qu'une parole : n'allez au travail et laissez-nous mériter notre liberté. M. le Curé est là pour vous dire qu'il faut travailler et se marier pour obtenir les récompenses de l'outre vie. Demandez-lui conseil lorsque vous aurez un sujet de défiance. Songez que c'est la religion qui la première prêcha la liberté au temps où les blancs eux-mêmes n'étaient pas libres.

Le Christ est né dans une étable pour enseigner aux gens des campagnes qu'ils ne doivent pas se plaindre de l'humilité de leur naissance. Il a permis qu'on le mît à mort sur une croix (c'était le supplice de l'esclave en Judée) pour que les malheureux ne vissent dans ses prêtres que des amis destinés à les bien guider.

Allons, Mes Amis, ayez patience et confiance.

Quand vous voudrez manifester votre joie, criez.

Vive le travail !

Vive le mariage !

Jusqu'à ce que je vienne vous dire : la loi est arrivée. VIVE LA LIBERTÉ !

La présente circulaire sera adressée à MM. les Maires des communes et à MM. les Curés. Elle sera affichée aux portes de la Mairie et du Presbytère.

Il sera, par les soins de MM. les Maires, transmis des exemplaires à tous les Propriétaires de la commune, avec invitation de la placer aux lieux les plus appropriés, tels que l'hôpital, les bâtiments d'exploitation, la case du commandeur et leur propre demeure.

Basse-Terre, Guadeloupe, le 4 avril 1848.
Layrle.

Décret de l'abolition
de l'esclavage
du 27 avril 1848
ministère de la Marine
et des Colonies,
direction des Colonies

Au nom du peuple français,
Le Gouvernement provisoire,
Considérant que l'esclavage est un attentat contre la dignité humaine ; qu'en détruisant le libre arbitre de l'homme, il supprime le principe naturel du droit et du devoir ; qu'il est une violation flagrante du dogme républicain « Liberté-Égalité-Fraternité » ;
Considérant que, si des mesures effectives ne suivaient pas de très près la proclamation déjà faite du principe de l'abolition, il en pourrait résulter dans les colonies les plus déplorables désordres ;
Décrète :

Article 1er. – L'esclavage sera entièrement aboli dans toutes les colonies et possessions françaises, deux mois après la promulgation du présent décret dans chacune d'elles. À partir de la promulgation du présent décret dans les colonies, tout châtiment corporel, toute vente de personnes non libres, seront interdits.

Art. 2. – Le système d'engagement à temps établi au Sénégal est supprimé.

Art. 3. – Les gouverneurs ou commissaires généraux de la République sont chargés d'appliquer l'ensemble des mesures propres à assurer la liberté à la Martinique, à la Guadeloupe et dépendances, à l'île de la Réunion, à la Guyane, au Sénégal et autres établissements français de la côte occidentale d'Afrique, à l'île Mayotte et dépendances, et en Algérie.

Art. 4. – Sont amnistiés les anciens esclaves condamnés à des peines afflictives ou correctionnelles pour des faits qui, imputés à des hommes libres, n'auraient point entraîné ce châtiment. Sont rappelés les individus déportés par mesure administrative.

Art. 5. – L'Assemblée nationale réglera la quotité de l'indemnité qui devra être accordée aux colons.

Art. 6. – Les colonies purifiées de la servitude et les possessions de l'Inde seront représentées à l'Assemblée nationale.

Art. 7. – Le principe « que le sol de la France affranchit l'esclave qui le touche » est applicable aux colonies et possessions de la République.

Art. 8. – À l'avenir, même en pays étranger, il est interdit à tout Français de posséder, d'acheter ou de vendre des esclaves, et de participer, soit directement, soit indirectement à tout trafic ou exportation de ce genre. Toute infraction à ces dispositions entraîne la perte de la qualité de citoyen français. Néanmoins, les Français qui se trouveront atteints par ces prohibitions, au moment de la promulgation du présent décret, auront un délai de trois ans pour s'y conformer. Ceux qui deviendront possesseurs d'esclaves en pays étrangers, par héritage, don ou mariage, devront sous la même peine, les affranchir ou les aliéner dans le même délai, à partir du jour où leur possession aura commencé.

Art. 9. – Le ministre de la Marine et des colonies et le ministre de la guerre sont chargés, chacun en ce qui le concerne, de l'exécution du présent décret.

Fait à Paris, en conseil de gouvernement, le 27 avril 1848.
Signé : les membres du Gouvernement provisoire.

LOI N° 2001-434
DU 21 MAI 2001
TENDANT À LA RECONNAISSANCE
DE LA TRAITE ET DE L'ESCLAVAGE
EN TANT QUE CRIME CONTRE L'HUMANITÉ[1]

*L'Assemblée nationale et le Sénat ont adopté,
Le Président de la République promulgue la
loi dont la teneur suit :*

Article 1er. – La République française
reconnaît que la traite négrière transatlantique ainsi que la traite dans l'océan Indien
d'une part, et l'esclavage d'autre part, per-

---

1. Travaux préparatoires : loi n° 2001-434.
Assemblée nationale : propositions de loi n° 792,
1050, 1297 et 1302 ; rapport de Mme Christiane Taubira-Delannon, au nom de la commission des lois,
n° 1378 ; discussion et adoption le 18 février 1999.
Sénat : proposition de loi, adoptée par l'Assemblée nationale, n° 234 (1998-1999) ; rapport de
M. Jean-Pierre Schosteck, au nom de la commission
des lois, n° 262 (1999-2000) ;
Discussion et adoption le 23 mars 2000.
Assemblée nationale : proposition de loi, modifiée par le Sénat, n° 2277 ; rapport de Mme Christiane
Taubira-Delannon, au nom de la commission des
lois, n° 2320 ; discussion et adoption le 6 avril 2000.

pétrés à partir du XVᵉ siècle, aux Amériques et aux Caraïbes, dans l'océan Indien et en Europe contre les populations africaines, amérindiennes, malgaches et indiennes constituent un crime contre l'humanité.

Art. 2. – Les programmes scolaires et les programmes de recherche en histoire et en sciences humaines accorderont à la traite négrière et à l'esclavage la place consé-quente qu'ils méritent. La coopération qui permettra de mettre en articulation les archives écrites disponibles en Europe avec les sources orales et les connaissances archéologiques accumulées en Afrique, dans les Amériques, aux Caraïbes et dans tous les autres territoires ayant connu l'es-clavage sera encouragée et favorisée.

Art. 3. – Une requête en reconnaissance de la traite négrière transatlantique ainsi que de la traite dans l'océan Indien et de l'esclavage comme crime contre l'huma-nité sera introduite auprès du Conseil de

Sénat : proposition de loi, adoptée avec modifica-tions par l'Assemblée nationale en deuxième lec-ture ; rapport de M. Jean-Pierre Schosteck, au nom de la commission des lois, nᵒ 165 (2000-2001) ; dis-cussion et adoption le 10 mai 2001.

J.O. nᵒ 119 du 23 mai 2001

l'Europe, des organisations internationales et de l'Organisation des Nations unies. Cette requête visera également la recherche d'une date commune au plan international pour commémorer l'abolition de la traite négrière et de l'esclavage, sans préjudice des dates commémoratives propres à chacun des départements d'outre-mer.

Art. 4. – Le dernier alinéa de l'article unique de la loi n° 83-550 du 30 juin 1983 relative à la commémoration de l'abolition de l'esclavage est remplacé par trois alinéas ainsi rédigés :

« Un décret fixe la date de la commémoration pour chacune des collectivités territoriales visées ci-dessus ;

« En France métropolitaine, la date de la commémoration annuelle de l'abolition de l'esclavage est fixée par le Gouvernement après la consultation la plus large ;

« Il est instauré un comité de personnalités qualifiées, parmi lesquelles des représentants d'associations défendant la mémoire des esclaves, chargé de proposer, sur l'ensemble du territoire national, des lieux et des actions qui garantissent la pérennité de la mémoire de ce crime à travers les générations. La composition, les compétences et les missions de ce comité sont définies par un décret en Conseil d'État pris dans un délai de six mois après la publication de la loi n° 2001-434 du 21 mai 2001 tendant à la reconnaissance de la traite et de l'esclavage en tant que crime contre l'humanité. »

Art. 5. – À l'article 48-1 de la loi du 29 juillet 1881 sur la liberté de la presse, après les mots : « par ses statuts, de », sont insérés les mots : « défendre la mémoire des esclaves et l'honneur de leurs descendants ».

La présente loi sera exécutée comme loi de l'État.

Fait à Paris, le 21 mai 2001.

II. – Les conventions internationales

En dépit des textes qui l'interdisent, l'esclavage a persisté au XXᵉ siècle et encore actuellement (on compterait quelques dizaines de millions d'esclaves *stricto sensu* dans le monde). Il n'a disparu en Éthiopie et en Afghanistan qu'en 1923, en 1924 en Irak, en 1963 en Arabie Saoudite ; la Mauritanie ne l'a même officiellement aboli qu'en 1979 et le Pakistan en 1992. Il existe aussi des situations voisines, sans doute dix fois plus nombreuses.

Alors que près de 80 conventions internationales ont interdit l'institution, l'idée que l'esclavage est constitutif d'un crime contre l'Humanité est relativement récente. L'origine de l'inclusion tient à l'article 6 du statut du Tribunal Militaire de Nuremberg et, aussi, à une résolution de l'Assemblée générale des Nations unies du 13 février 1946. Dans le premier cas, on a assimilé les pratiques nazies du travail forcé à l'esclavage. La notion, comme on va le voir, est extensive.

La déclaration universelle des droits de l'Homme du 10 décembre 1948 (art. 4) précise que : « *Nul ne sera tenu en esclavage ni en servitude ; l'esclavage et la traite des esclaves sont interdits sous toutes leurs formes* ». Mais ce texte n'a cependant pas de valeur contraignante, à la différence des conventions internationales, qui engagent les États signataires. sauf si l'on

considère, ce qui n'est pas impossible, qu'elle
exprime le droit coutumier, soit dans son
ensemble, soit au moins dans certains de ses
articles ; dans ce cas l'interdiction de l'esclavage en ferait partie.

Ainsi, l'article 8 du Pacte international relatif
aux droits civils et politiques du 16 décembre
1966. et l'article 4, § 1er de la Convention européenne des Droits de l'Homme du 4 novembre
1950 (*texte 15*) interdisent l'esclavage, la servitude, le travail forcé ou obligatoire (sur ce dernier point, la convention s'inspire de l'article 2
de la convention de l'O.I.T. de 1930). Le champ
de la prohibition est donc beaucoup plus large
que l'esclavage.

Certes, l'esclavage *stricto sensu* a toujours
coexisté avec des institutions proches. Sous
l'Ancien régime, arrivaient dans les colonies
des « *engagés* », c'est-à-dire des travailleurs,
de condition libre, mais dont le sort était
pourtant des moins enviables. Des 1852, donc
très peu de temps après l'abolition de l'esclavage, des décrets sont venus organiser la
venue aux Antilles de personnes de condition
libre, que l'on allait chercher en Afrique et en
Inde On a aussi vu que le système du travail
forcé avait été institué sous la Révolution,
en remplacement de l'esclavage. Il a sévi
notamment dans les possessions françaises
d'Afrique ou encore à Madagascar, avec quelquefois des dénominations différentes (on

parlait quelquefois de « corvées »). Ce système n'a été aboli – tout au moins en droit –
qu'en 1946. Le XIXᵉ siècle a donc connu l'importation dans les colonies antillaises de
populations venues d'Afrique, d'Inde ou
même d'ailleurs pour y travailler dans des
cadres juridiques particuliers ou des situations de fait spécifiques, au point que distinguer les travailleurs libres des esclaves était
quelquefois une simple question de mot.

Des congrès internationaux anti-esclavagistes, à partir de la fin du XIXᵉ siècle, se sont,
en conséquence de ces pratiques, efforcés de
traquer ce genre d'institutions là où elles se
maintenaient. Surtout, lors de conférences
diplomatiques, comme celle de Berlin (1885)
ou de Bruxelles en 1889-1890, les États parti-
cipants ont affirmé vouloir anéantir le commerce des esclaves en Afrique. Comme le
rappelle encore la Convention relative à l'esclavage du 25 septembre 1926 (*texte 12*), les
États signataires de la convention de Saint-
Germain-en-Laye de 1919 avaient « *affirmé
leur intention de réaliser la suppression complète
de l'esclavage, sous toutes ses formes, et de la traite
des esclaves par terre et par mer* ». Le « triomphe
du droit » et des valeurs démocratiques, à l'is-
sue de la Grande Guerre, renforçait les enga-
gements au moins de principe pris avant
1914, tout particulièrement par les puissances

coloniales de l'époque. La création de la
Société des Nations allait aussi – pensait-on –
dans le sens d'une moralisation des relations
internationales. C'est d'ailleurs un rapport
rédigé par la Commission de l'esclavage de la
Société des Nations qui a conduit à la signature de la convention de 1926. Le préambule
de cet acte, après avoir rappelé que l'Acte
final de la Conférence de Bruxelles visait
« *l'esclavage, sous toutes ses formes* », expose
« *qu'il est nécessaire d'empêcher que le travail
forcé n'amène des conditions analogues à celles de
l'esclavage* ». Ainsi, à la lutte contre l'esclavage
proprement dit a succédé, ou plus exactement
lui a été juxtaposé, la dénonciation d'autres
formes de sujétion.

Néanmoins, contrairement à ce que l'on
peut lire, il n'est nullement impossible de
définir l'esclavage ; mais à la condition
expresse d'ajouter immédiatement que cette
définition, qui ne peut être que juridique, ne
préjuge en rien de la ressemblance de fait avec
des situations qui, en droit, ne relèvent pas
de l'esclavage. De la sorte, on passe du critère
juridique à l'examen de situations de fait.
Ainsi, on tend notamment à assimiler désormais à l'esclavage l'état de servitude (souvent
pour dette). Se pose donc, pour les juristes,
une difficulté de définition et même de mots,
dans la mesure où il faut distinguer l'esclavage *stricto sensu* de situations voisines qui,

en fait, peuvent être aussi inhumaines et dégradantes pour la dignité humaine.

Il peut – ce ne sont que des exemples – s'agir du travail forcé des enfants, du mariage forcé des femmes ou de la vente de mineurs. L'aversion contre les formes spécifiques d'oppression a conduit à la signature par les États de conventions interdisant, par exemple, dès le début du XXe siècle, la traite des femmes ou encore – plus tard – le proxénétisme (convention pour la répression de la traite des êtres humains et de l'exploitation de la prostitution d'autrui, 21 mars 1950) On voit immédiatement que tout est ici affaire de degré dans l'aliénation de la liberté, même si, en droit, une distinction doit être faite.

En effet, d'après la convention du 25 septembre 1926 (***texte 12***), l'esclavage est « *l'état ou condition d'un individu sur lequel s'exercent les attributs du droit de propriété ou certains d'entre eux* » (art. 1er, 1). Ce droit de propriété a pour contrepartie la destruction de la personnalité juridique d'un être humain, alors que selon l'article 6 de la Déclaration universelle des droits de l'Homme : « *Chacun a le droit à la reconnaissance en tous lieux de sa personnalité juridique* ». Toutefois, le critère du droit n'était pas exclusif : la convention de 1926 reconnaissant « *que le recours au travail forcé ou obligatoire peut avoir de graves conséquences* », les États signataires s'engagent « *à prendre des mesures* *utiles pour éviter que le travail forcé ou obligatoire n'amène des conditions analogues à l'esclavage »* (art. 5). Par réalisme, des mesures transitoires pouvaient être prises, afin de ménager des intérêts. Par l'effet d'un protocole du 7 décembre 1953 (*texte 13*) et de son annexe (*texte 14*), il était tenu compte que l'Organisation des Nations unies avait succédé à la Société des Nations.

La convention supplémentaire « *relative à l'abolition de l'esclavage, de la traite des esclaves et des institutions et pratiques analogues à l'esclavage* » du 7 septembre 1956 (*texte 16*) a soigneusement précisé en quoi le champ d'application du texte était élargi. On vise maintenant des situations qui « *entrent ou non dans la définition de l'esclavage qui figure à l'article premier de la Convention... signée à Genève le 25 septembre 1926* » (art. 1er, 1er al.), et que le texte définit ensuite, à savoir :

– la servitude pour dettes (« *c'est-à-dire l'état ou la condition résultant du fait qu'un débiteur s'est engagé à fournir en garantie d'une dette ses services personnels..., si la valeur équitable de ces services n'est pas affectée à la liquidation de la dette ou si la durée de ces services n'est pas limitée ni leur caractère défini* ») ;

– le servage (« *la condition de quiconque est tenu par la loi, la coutume ou un accord, de vivre et de travailler sur une terre appartenant à une autre personne et de fournir à cette autre personne, contre rémunération ou gratuitement, certains services déterminés, sans pouvoir changer sa condition* »);

– le mariage forcé d'une femme (cf. aussi art. 2), sa vente ou encore sa transmission à une autre personne du fait du décès du mari;

– l'exploitation d'un enfant ou de son travail (cf. aussi la convention relative aux droits de l'enfant du 26 janvier 1990, art. 35 et 35).

En fait, la Convention vise – esclavage ou pas – des situations de dépendance (qui peuvent aller jusqu'à être absolues) d'un être par rapport à un autre et, afin de couvrir toutes ces situations, définit même celles-ci à deux reprises (cf. art. 7). La traite constitue toujours une infraction pénale, sanctionnée par la loi nationale de chacun des États signataires (art. 3 et 4). La Charte des droits fondamentaux de l'Union européenne du 7 décembre 2000 (*texte 17*) résume dans son article 5 les dispositions de la Convention supplémentaire de 1956.

De même, les Nations unies ont qualifié en 1982 d'esclavage « *toutes les formes de traitement des êtres humains conduisant à l'exploitation forcée de leur travail* ». Dans les faits, la servitude peut donc être semblable à l'esclavage ; la seule réserve est la survie (certes bien théorique) de la personnalité juridique de l'assujetti qui – toujours théoriquement – empêche par exemple le dominant de le vendre.

Cette tendance à scruter le fait plutôt que le droit est déjà ancienne. Déjà, une convention signée sous l'égide de l'Organisation internationale du travail et qui prenait la suite de la convention de 1926, avait, dès le 28 juin 1930, pointé le travail « *exigé d'un individu sous la menace d'une peine quelconque et pour lequel l'individu ne s'est pas offert de plein gré* ». À l'époque, cette disposition se rapportait aux pratiques coloniales.

Une nouvelle convention de l'O.I.T., de 1957, a aboli, immédiatement et complètement, le travail forcé, en distinguant plusieurs cas de figure, puisqu'il peut naître de cinq situations ainsi caractérisées :

a) « *En tant que mesure de coercition ou d'éducation politique ou en tant que sanction à l'égard de personnes qui ont ou expriment certaines opinions politiques ou manifestent leur opposition idéologique à l'ordre politique, social ou économique établi* » ;

b) « *En tant que méthode de mobilisation et d'utilisation de la main-d'œuvre à des fins de développement économique* » ;

c) « *En tant que mesure de discipline du travail* » ;

d) « *En tant que punition pour avoir participé à des grèves* » ;

e) « *En tant que mesure de discrimination raciale, sociale, nationale ou religieuse* ».

Il faut noter qu'alors que le texte de 1930 admet des exceptions (service militaire ou civique, travail en prison – sous certaines conditions –, cas de force majeure – guerre, cataclysme, épidémie –, menus travaux collectifs au profit d'une commune), celui de 1957 n'en comporte aucune ; des difficultés d'application sont donc possibles. La Convention européenne des droits de l'Homme (art. 4, § 3) est venue également préciser les cas où, dans certaines circonstances (personnes détenues, obligations militaires ou civiques), un travail imposé ne peut être considéré comme « forcé ». De la sorte, alors que l'interdiction de l'esclavage ou de la servitude a valeur absolue, la prohibition du travail forcé ou obligatoire n'est, en droit européen, que relative. Mais les exceptions au principe sont bien précisées. Néanmoins, il s'ensuit qu'au pénal, en France, une personne peut accepter mais aussi refuser d'exécuter un travail d'intérêt général (une ordonnance du 4 juin a supprimé les travaux forcés).

CONVENTION
RELATIVE À L'ESCLAVAGE
DU 25 SEPTEMBRE 1926
signée à Genève (Société des Nations)
et entrée en vigueur le 9 mars 1927,
conformément aux dispositions
de l'article 12

Considérant que les signataires de l'Acte général de la Conférence de Bruxelles de 1889-1890 se sont déclarés également animés de la ferme intention de mettre fin au trafic des esclaves en Afrique,

Considérant que les signataires de la Convention de Saint-Germain-en-Laye de 1919, ayant pour objet la révision de l'Acte général de Berlin de 1885, et de l'Acte général de la Déclaration de Bruxelles de 1890, ont affirmé leur intention de réaliser la suppression complète de l'esclavage, sous toutes ses formes, et de la traite des esclaves par terre et par mer,

Prenant en considération le rapport de la Commission temporaire de l'esclavage, nommée par le Conseil de la Société des Nations le 12 juin 1924,

Désireux de compléter et de développer l'œuvre réalisée grâce à l'Acte de Bruxelles et de trouver le moyen de donner effet pratique, dans le monde entier, aux intentions exprimées, en ce qui concerne la traite des esclaves et l'esclavage, par les signataires de la Convention de Saint-Germain-en-Laye, et reconnaissant qu'il est nécessaire de conclure à cet effet des arrangements plus détaillés que ceux qui figurent dans cette Convention.

Estimant, en outre, qu'il est nécessaire d'empêcher que le travail forcé n'amène des conditions analogues à celles de l'esclavage,

Ont décidé de conclure une convention et ont désigné comme plénipotentiaires à cet effet : [...]

Lesquels sont convenus des dispositions suivantes :

Article 1er. – Aux fins de la présente Convention, il est entendu que :

1. – L'**esclavage** est l'état ou condition d'un individu sur lequel s'exercent les attributs du droit de propriété ou certains d'entre eux ;

2. – La **traite des esclaves** comprend tout acte de capture, d'acquisition ou de cession d'un individu en vue de la réduire en esclavage ; tout acte d'acquisition d'un esclave en vue de le vendre ou de l'échanger ; tout acte de cession par vente ou échange d'un esclave acquis en vue d'être vendu ou échangé, ainsi que, en général, tout acte de commerce ou de transport d'esclaves.

Art. 2. – Les Hautes Parties contractantes s'engagent, pour autant qu'elles n'ont pas déjà pris les mesures nécessaires, et chacune en ce qui concerne les territoires placés sous sa souveraineté, juridiction, protection, suzeraineté ou tutelle : **a)** À prévenir et réprimer la traite des esclaves ; **b)** À poursuivre la suppression complète de l'esclavage sous toutes ses formes, d'une manière progressive et aussitôt que possible.

Art. 3. – Les Hautes Parties contractantes s'engagent à prendre toutes mesures utiles en vue de prévenir et réprimer l'embarquement, le débarquement et le transport des esclaves dans leurs eaux territoriales, ainsi que, en général, sur tous les navires abordant leurs pavillons respectifs.

Les Hautes Parties contractantes s'engagent à négocier, aussitôt que possible, une convention générale sur la traite des esclaves leur donnant des droits et leur imposant des obligations de même nature que ceux prévus dans la Convention du 17 juin 1925 concernant le commerce international des armes (articles 12, 20, 21, 22, 23, 24 et paragraphes 3, 4, 5 de la section II de l'annexe II), sous réserve des adaptations nécessaires, étant entendu que cette convention générale ne placera les navires (même de petit tonnage) d'aucune des Hautes Parties contractantes dans une autre position que ceux des autres Hautes Parties contractantes.

Il est également entendu que, avant comme après l'entrée en vigueur de ladite convention générale, les Hautes Parties contractantes gardent toute liberté de passer entre elles, sans toutefois déroger aux principes stipulés dans l'alinéa précédent, tels arrangements particuliers qui, en raison de leur situation spéciale, leur paraîtraient convenables pour arriver le plus promptement possible à la disparition totale de la traite.

Art. 4. – Les Hautes Parties contractantes se prêteront mutuellement assistance pour arriver à la suppression de l'esclavage et de la traite des esclaves.

Art. 5. – Les Hautes Parties contractantes reconnaissent que le recours au travail forcé ou obligatoire peut avoir de graves conséquences et s'engagent, chacune en ce qui concerne les territoires soumis à sa souveraineté, juridiction, protection, suzeraineté ou tutelle, à prendre des mesures utiles pour éviter que le travail forcé ou obligatoire n'amène des conditions analogues à l'esclavage.

Il est entendu : **1.** – Que, sous réserve des dispositions transitoires énoncées au paragraphe 2 ci-dessous, le travail forcé ou obligatoire ne peut être exigé que pour des fins publiques ; **2.** – Que, dans les territoires où le travail forcé ou obligatoire, pour d'autres fins que des fins publiques, existe encore, les Hautes Parties contractantes s'efforceront d'y mettre progressivement fin, aussi rapidement que possible, et que, tant que ce travail forcé ou obligatoire existera, il ne sera employé qu'à titre exceptionnel, contre une rémunération adéquate et à la condition qu'un changement du lieu habituel de résidence ne puisse être imposé ; **3.** – Et que, dans tous les cas, les autorités centrales compétentes du territoire intéressé assumeront la responsabilité du recours au travail forcé ou obligatoire.

Art. 6. – Les Hautes Parties contractantes dont la législation ne serait pas dès à présent suffisante pour réprimer les infractions aux lois et règlements édictés en vue de donner effet aux fins de la présente Convention s'engagent à prendre les mesures nécessaires pour que ces infractions soient punies de peines sévères.

Art. 7. – Les Hautes Parties contractantes s'engagent à se communiquer entre elles et à communiquer au Secrétaire général de la Société des nations les lois et règlements qu'elles édicteront en vue de l'application des stipulations de la présente Convention.

Art. 8. – Les Hautes Parties contractantes, conviennent que tous les différends qui pourraient s'élever entre elles au sujet de l'interprétation ou de l'application de la présente Convention seront, s'ils ne peuvent être réglés par des négociations directes, envoyés pour décision à la Cour permanente de Justice internationale. Si les États entre lesquels surgit un différend, ou l'un d'entre eux, n'étaient pas parties au prtocole du 16 décembre 1920, relatif à la Cour permanente de Justice internationale, ce différend sera soumis à leur gré et conformément aux règles constitutionnelles de chacun d'eux, soit à la Cour permanente de Justice internationale, soit à un tribunal d'arbitrage constitué conformément à la Convention du 18 octobre 1907 pour règlement pacifique des conflits internationaux, soit à tout autre tribunal d'arbitrage.

Art. 9. – Chacune des Hautes Parties contractantes peut déclarer, soit au moment de la signature, soit au moment de sa ratification ou de son adhésion, que, en ce qui concerne l'application des stipulations de la présente Convention ou de quelques-unes d'entre elles, son acceptation n'engage pas soit l'ensemble, soit tel des territoires placés sous sa souveraineté, juridiction, protection, suzeraineté ou tutelle, et peut ultérieurement adhérer séparément, en totalité ou en partie, au nom de l'un quelconque d'entre eux.

Art. 10. – S'il arrivait qu'une des Hautes Parties contractantes voulût dénoncer la présente Convention, la dénonciation sera notifiée par écrit au Secrétaire général de la Société des Nations, qui communiquera immédiatement une copie certifiée conforme de la notification à toutes les autres Hautes Parties contractantes, en leur faisant savoir la date à laquelle il l'a reçue. La dénonciation ne produira ses effets qu'à l'égard de l'État qui l'aura notifiée, et un an après que la notification en sera parvenue au Secrétaire général de la Société des Nations. La dénonciation pourra également être effectuée séparément pour tout territoire placé sous sa souveraineté, juridiction, protection, suzeraineté ou tutelle.

Art. 11. – La présente Convention, qui portera la date de ce jour et dont les textes français et anglais feront également foi, restera ouverte jusqu'au 1er avril 1927 à la signature des États Membres de la Société des Nations. Le Secrétaire général de la Société des Nations portera ensuite la présente Convention à la connaissance des États non-signataires, y compris les États qui ne sont pas membres de la Société des Nations, en les invitant à y adhérer. L'État qui désire adhérer notifiera par écrit son intention au Secrétaire général de la Société des Nations en lui transmettant l'acte d'adhésion, qui sera déposé dans les archives de la Société des Nations. Le Secrétaire général transmettra immédiatement à toutes les autres Hautes Parties contractantes une copie certifiée conforme de la notification ainsi que de l'acte d'adhésion, en indiquant la date à laquelle il les a reçus.

Art. 12. – La présente Convention sera ratifiée et les instruments de ratification en seront déposés au Bureau du Secrétaire général de la Société des Nations, qui en fera la notification aux Hautes Parties contractantes. La Convention produira ses effets pour chaque État dès la date du dépôt de sa ratification ou de son adhésion.

En foi de quoi, les plénipotentiaires soussignés ont signé la présente Convention.

Fait à Genève, le 25 septembre 1926, en un seul exemplaire qui sera déposé aux archives de la Société des Nations. Une copie certifiée conforme sera transmise à chaque État signataire.

PROTOCOLE
AMENDANT LA CONVENTION
RELATIVE À L'ESCLAVAGE
DU 7 DÉCEMBRE 1953
(ONU)
signée à Genève (Société des Nations)
le 25 septembre 1926
et entrée en vigueur le 7 juillet 1955

Les États parties au présent protocole,
Considérant que la Convention relative à l'esclavage signée à Genève le 25 septembre 1926 (ci-après dénommée la Convention) a confié à la Société des Nations certains devoirs et certaines fonctions, et
Considérant qu'il est opportun que ces devoirs et ces fonctions soient assumés désormais par l'Organisation des Nations unies,
Sont convenus des dispositions suivantes :

Article 1er. – Les États partis au présent Protocole prennent l'engagement qu'entre eux-mêmes, conformément aux dispositions du présent Protocole, ils attribueront plein effet juridique aux amendements à cet instrument qui figurent à l'annexe au présent Protocole, les mettront en vigueur et en assureront l'application.

Art. 2. – **1.** – Le présent Protocole sera ouvert à la signature ou à l'acceptation de tous les États parties à la Convention auxquels le Secrétaire Général aura communiqué à cette fin un exemplaire dudit Protocole. **2.** – Les États pourront devenir parties au présent Protocole : **a)** en le signant sans réserve quant à l'acceptation ; **b)** en le signant sous réserve d'acceptation et en l'acceptant ultérieurement ; **c)** en l'acceptant. 3. L'acceptation s'effectuera par le dépôt d'un instrument formel auprès du Secrétaire général de l'Organisation des Nations unies.

Art. 3. – **1.** – Le présent Protocole entrera en vigueur à la date à laquelle deux États y seront devenus parties ; Il entrera par la suite en vigueur, à l'égard de chaque État, à la date à laquelle cet État deviendra partie au Protocole. **2.** – Les amendements qui figurent à l'annexe au présent Protocole entreront en vigueur lorsque vingt-trois États seront devenus parties au dit Protocole. En conséquence, tout État devenant partie à la Convention après que les amendements à cette Convention seront entrés en vigueur deviendra partie à la Convention ainsi amendée.

Art. 4. – Conformément au paragraphe 1 de l'article 102 de la Charte des Nations unies et au règlement adopté par l'Assemblée générale pour son application, le Secrétaire général de l'Organisation des Nations unies est autorisé à enregistrer, aux dates respectives de leur entrée en vigueur, le présent Protocole ainsi que les amendements apportés à la Convention par ledit Protocole, et à publier, aussitôt que possible après l'enregistrement, le Protocole et le texte amendé de la Convention.

Art. 5. – Le présent Protocole, dont les textes anglais, chinois, espagnol, français et russe feront également foi, sera déposé aux archives du Secrétaire de l'Organisation des Nations unies. Les textes de la Convention, qui doit être amendée comme prévu à l'annexe, faisant fois seulement en anglais et en français, les textes français et anglais de l'annexe feront également foi, et les textes chinois, espagnol et russe seront considérés comme des traductions.

Le Secrétaire général établira des copies certifiées conformes du Protocole, y compris l'annexe, aux fins de communication aux États parties à la Convention, ainsi qu'à tous les autres États Membres de l'Organisation des Nations unies. Dès que les amendements prévus à l'article III seront entrés en vigueur, il établira de même des copies certifiées conformes de la Convention ainsi amendée aux fins de communication aux différents États, y compris les États non-membres de l'Organisation des Nations unies.

En foi de quoi les soussignés, dûment autorisés par leurs gouvernements respectifs, ont signé le présent Protocole aux dates figurant au regard de leurs signatures respectives.

Fait au siège de l'Organisation des Nations unies, à New York, le 7 décembre 1953.

**ANNEXE AU PROTOCOLE
AMENDANT LA CONVENTION
RELATIVE À L'ESCLAVAGE**
signée à Genève (Société des Nations)
le 25 décembre 1926

À l'**article 7**, *remplacer les mots* « au Secré-taire général de la Société des Nations » *par les mots* « au Secrétaire général de l'Organi-sation des Nations unies ».

À l'**article 8**, *remplacer les mots* « la Cour permanente de Justice internationale » *par les mots* « la Cour internationale de Jus-tice » ; *remplacer les mots* « au Protocole du 16 décembre 1920, relatif à la Cour per-manente de Justice internationale » *par les mots* « au Statut de la Cour internationale de Justice ».

À l'**article 10**, *dans les premier et deuxième alinéas, remplacer les mots* « la Société des Nations » *par les mots* « l'Organisation des Nations unies ».

À l'**article 11**, *remplacer les trois derniers alinéas par le texte suivant :*

« La présente Convention sera ouverte à l'adhésion de tous les États, y compris les États non-membres de l'Organisation des Nations unies, auxquels le Secrétaire général aura communiqué une copie certifiée conforme de la Convention.

L'adhésion s'effectuera par le dépôt d'un instrument formel auprès du Secrétaire général de l'Organisation des Nations unies, qui en avisera tous les États parties à la Convention et tous les autres États visés dans le présent article, en leur indiquant la date à laquelle chacun de ces instruments d'adhésion a été déposé ».

À l'article 12, *remplacer les mots* « la Société des Nations » *par les mots* « l'Organisation des Nations unies ».

**DÉCLARATION UNIVERSELLE
DES DROITS DE L'HOMME
10 DÉCEMBRE 1948**
(*extrait*)

Art. 4. – Nul ne sera tenu en esclavage ni en servitude ; l'esclavage et la traite des esclaves sont interdits sous toutes leurs formes.

CONVENTION DE SAUVEGARDE DES DROITS DE L'HOMME ET DES LIBERTÉS FONDAMENTALES DU 4 NOVEMBRE 1950
(extrait)

Art. 4. – Interdiction de l'esclavage et du travail forcé

1. Nul ne peut être tenu en esclavage ni en servitude. – **2.** Nul ne peut être astreint à accomplir un travail forcé ou obligatoire. – **3.** N'est pas considéré comme « travail forcé ou obligatoire » au sens du présent article : **a)** tout travail requis normalement d'une personne soumise à la détention dans les conditions prévues par l'article 5 de la présente Convention, ou durant sa mise en liberté conditionnelle ; **b)** tout service de caractère militaire ou, dans le cas d'objecteurs de conscience dans les pays où l'objection de conscience est reconnue comme légitime, à un autre service à la place du service militaire obligatoire ; **c)** tout service requis dans le cas de crises ou de calamités qui menacent la vie ou le bien-être de la communauté ; **d)** tout travail ou service formant partie des obligations civiques normales.

CONVENTION SUPPLÉMENTAIRE RELATIVE À L'ABOLITION DE L'ESCLAVAGE, DE LA TRAITE DES ESCLAVES ET DES INSTITUTIONS ET PRATIQUES ANALOGUES À L'ESCLAVAGE DU 7 SEPTEMBRE 1956

signée à Genève (ONU)
entrée en vigueur le 30 avril 1957,
conformément aux dispositions de l'article 13

Préambule

Les États parties à la présente Convention,
Considérant que la liberté est un droit que tout être humain acquiert à sa naissance,
Conscients de ce que les peuples des Nations unies ont réaffirmé, dans la Charte, leur foi dans la dignité et la valeur de la personne humaine,
Considérant que la Déclaration universelle des droits de l'homme, que l'Assemblée générale a proclamée comme l'idéal commun à atteindre par tous les peuples et toutes les nations, dispose que nul ne sera tenu en esclavage ni en servitude et que l'esclavage et la traite des esclaves sont interdits sous toutes leurs formes,
Reconnaissant que, depuis la conclusion, à Genève, le 25 septembre 1926, de la Convention

relative à l'esclavage, qui visait à supprimer l'esclavage et la traite des esclaves, de nouveaux progrès ont été accomplis dans cette direction,

Tenant compte de la Convention de 1930 sur le travail forcé et de ce qui a été fait ultérieurement par l'Organisation internationale du Travail en ce qui concerne le travail forcé obligatoire,

Constatant, toutefois, que l'esclavage, la traite des esclaves et les institutions et pratiques analogues à l'esclavage n'ont pas encore été éliminés dans toutes les régions du monde,

Ayant décidé en conséquence qu'à la Convention de 1926, qui est toujours en vigueur, doit maintenant s'ajouter une convention supplémentaire destinée à intensifier les efforts, tant nationaux qu'internationaux, qui visent à abolir l'esclavage, la traite des esclaves et les institutions et pratiques analogues à l'esclavage,

Sont convenus de ce qui suit :

Section I
Institutions et pratiques
analogues à l'esclavage

Article 1er. – Chacun des États parties à la présente Convention prendra toutes les mesures, législatives et autres, qui seront réalisables et nécessaires pour obtenir progressivement et aussitôt que possible l'abolition complète ou l'abandon des institutions et pratiques suivantes, là où elles subsistent encore, qu'elles rentrent ou non dans la définition de l'esclavage qui figure à l'article premier de la Convention relative à l'esclavage signée à Genève le 25 septembre 1926 :

a) La servitude pour dettes, c'est-à-dire l'état ou la condition résultant du fait qu'un débiteur s'est engagé à fournir en garantie d'une dette ses services personnels ou ceux de quelqu'un sur lequel il a autorité, si la valeur équitable ce ces services n'est pas affectée à la liquidation de la dette ou si la durée de ces services n'est pas limitée ni leur caractère défini ;

b) Le servage, c'est-à-dire la condition de quiconque est tenu par la loi, la coutume ou un accord, de vivre et de travailler sur une terre appartenant à une autre personne et de fournir à cette autre personne, contre rémunération ou gratuitement, certains services déterminés, sans pouvoir changer sa condition ;

c) Toute institution ou pratique en vertu de laquelle : *i) Une femme est, sans qu'elle ait le droit de refuser, promise ou donnée en mariage moyennant une contrepartie en espèces ou en nature versée à ses parents, à son tuteur, à sa famille ou à toute autre personne ou tout autre groupe de personnes ; ii) Le mari* *d'une femme, la famille ou le clan de celui-ci ont le droit de la céder à un tiers, à titre onéreux ou autrement ; **iii)** La femme peut, à la mort de son mari, être transmise par succession à une autre personne ;*

d) Toute institution ou pratique en vertu de laquelle un enfant ou un adolescent de moins de dix-huit ans est remis, soit par ses parents ou par l'un d'eux, soit par son tuteur, à un tiers, contre paiement ou non, en vue de l'exploitation de la personne, ou du travail dudit enfant ou adolescent.

Art. 2. – En vue de mettre fin aux institutions et pratiques visées à l'alinéa c de l'article premier de la Convention, les États parties s'engagent à fixer, là où il y aura lieu, des âges minimum appropriés pour le mariage, à encourager le recours à une procédure qui permette à l'un et l'autre des futurs époux d'exprimer librement leur consentement au mariage en présence d'une autorité civile ou religieuse compétente et à encourager l'enregistrement des mariages.

Section II
Traite des esclaves

Art. 3. – 1. – Le fait de transporter ou de tenter de transporter des esclaves d'un pays à un autre par un moyen de transport quelconque ou le fait d'être complice de ces actes constituera une infraction pénale au regard de la loi des États parties à la Convention et les personnes reconnues coupables d'une telle infraction seront passibles de peines très rigoureuses. – **2. – a)** Les États parties prendront toutes mesures efficaces pour empêcher les navires et aéronefs autorisés à battre leur pavillon de transporter des esclaves et pour punir les personnes coupables de ces actes ou coupables d'utiliser le pavillon national à cette fin. **b)** Les États parties prendront toutes mesures efficaces pour que leurs ports, leurs aérodromes et leurs côtes ne puissent servir au transport des esclaves. – **3.** – Les États parties à la Convention échangeront des renseignements afin d'assurer la coordination pratique des mesures prises par eux dans la lutte contre la traite des esclaves et s'informeront mutuellement de tout cas de traite d'esclaves et de toute tentative d'infraction de ce genre dont ils auraient connaissance.

Art. 4. – Tout esclave qui se réfugie à bord d'un navire d'un État partie à la présente Convention sera libre *ipso facto*.

Section III
Esclavage et institutions
et pratiques analogues à l'esclavage

Art. 5. – Dans un pays où l'esclavage ou les institutions et pratiques visées à l'article premier de la Convention ne sont pas encore complètement abolis ou abandonnés, le fait de mutiler, de marquer au fer rouge ou autrement un esclave ou une personne de condition servile – que ce soit pour indiquer sa condition, pour infliger un châtiment ou pour toute autre raison – ou le fait d'être complice de tels actes constituera une infraction pénale au regard de la loi des États parties à la Convention et les personnes reconnues coupables seront passibles d'une peine.

Art. 6. – 1. – Le fait de réduire autrui en esclavage ou d'inciter autrui à aliéner sa liberté ou celle d'une personne à sa charge, pour être réduit en esclavage, constituera une infraction pénale au regard de la loi des États parties à la présente Convention et les personnes reconnues coupables seront passibles d'une peine ; il en sera de même de la participation à une entente formée dans ce dessein, de la tentative et de la complicité. **2**. – Sous réserve des dispositions de l'alinéa introductif de l'article premier de la Convention, les dispositions du paragraphe 1 du présent article s'appliqueront également au fait d'inciter autrui à se placer ou à placer une personne à sa charge dans une condition servile résultant d'une des institutions ou pratiques visées à l'article premier ; il en sera de même de la participation à une entente formée dans ce dessein, de la tentative et de la complicité.

Section IV
Définitions

Art. 7. – Aux fins de la présente Convention :

a) L'« esclavage », tel qu'il est défini dans la Convention de 1926 relative à l'esclavage, est l'état ou la condition d'un individu sur lequel s'exercent les attributs du droit de propriété ou certains d'entre eux et l'« esclave » est l'individu qui a ce statut ou cette condition ;

b) La « personne de condition servile » est celle qui est placée dans le statut ou la condition qui résulte d'une des institutions ou pratiques visées à l'article premier de la présente Convention ;

c) La « traite des esclaves » désigne et comprend tout acte de capture, d'acquisition ou de cession d'une personne en vue de la réduire en esclavage ; tout acte d'acquisition d'un esclave en vue de le vendre ou de l'échanger ; tout acte de cession par vente ou échange d'une personne acquise en vue d'être vendue ou échangée, ainsi qu'en général tout acte de commerce ou de transport d'esclaves, quel que soit le moyen de transport employé.

Section V
Coopération entre les États parties et communications de renseignements

Art. 8. – 1. – Les États parties à la Convention s'engagent à se prêter un concours mutuel et à coopérer avec l'Organisation des Nations unies en vue de l'application des dispositions qui précèdent. – **2.** – Les parties s'engagent à communiquer au Secrétaire général des Nations unies copie de toute loi, tout règlement et toute décision administrative adoptés ou mis en vigueur pour donner effet aux dispositions de la présente Convention. – **3.** – Le Secrétaire général communiquera les renseignements reçus en vertu du paragraphe 2 du présent article aux autres parties et au Conseil économique et social comme élément de documentation pour tout débat auquel le Conseil procéderait en vue de faire de nouvelles recommandations pour l'abolition de l'esclavage, de la traite des esclaves ou des institutions et pratiques qui font l'objet de la Convention.

Section VI
Clauses finales

Art. 9. – Il ne sera admis aucune réserve à la Convention.

Art. 10. – Tout différend entre les États parties à la Convention concernant son interprétation ou son application, qui ne serait pas réglé par voie de négociation, sera soumis à la Cour internationale de Justice à la demande de l'une des parties au différend, à moins que les parties intéressées ne conviennent d'un autre mode de règlement.

Art. 11. – **1.** – La présente Convention sera ouverte jusqu'au 1er juillet 1957 à la signature de tout État Membre des Nations unies ou d'une institution spécialisée. Elle sera soumise à la ratification des États signataires et les instruments de ratification seront déposés auprès du Secrétaire général des Nations unies qui en informera tous les États signataires et adhérents. – 2. – Après le 1er juillet 1957, la Convention sera ouverte à l'adhésion de tout État Membre des Nations unies ou d'une institution spécialisée, ou de tout autre État auquel une invitation d'adhérer sera faite par l'Assemblée générale des Nations unies. L'adhésion s'effectuera par le dépôt d'un instrument formel auprès du Secrétaire général des Nations unies qui en informera tous les États signataires et adhérents.

Art. 12. – 1. – La présente Convention s'appliquera à tous les territoires non autonomes, sous tutelle, coloniaux et autres territoires non métropolitains qu'un État partie représente sur le plan international ; la partie intéressée devra, sous réserve des dispositions du paragraphe 2 du présent article, au moment de la signature ou de la ratification de la Convention, ou encore de l'adhésion à la présente Convention, déclarer le ou les territoires non métropolitains auxquels la présente Convention s'appliquera *ipso facto* à la suite de cette signature, ratification ou adhésion. – **2**. – Dans le cas

où le consentement préalable d'un territoire non métropolitain est nécessaire en
vertu des lois ou pratiques constitutionnelles de la partie ou du territoire non
métropolitain, la partie devra s'efforcer
d'obtenir, dans le délai de douze mois à
compter de la date de la signature par elle,
le consentement du territoire non métropolitain qui est nécessaire et, lorsque ce
consentement aura été obtenu, la partie
devra le notifier au Secrétaire général. Dès
la date de la réception par le Secrétaire
général de cette notification, la Convention
s'appliquera au territoire ou territoires
désignés par celle-ci. – **3**. – À l'expiration
du délai de douze mois mentionné au
paragraphe précédent, les parties intéressées informeront le Secrétaire général
des résultats des consultations avec les
territoires non métropolitains dont ils
assument les relations internationales et
dont le consentement pour l'application de
la présente Convention n'aurait pas été
donné.

Art. 13. – 1. – La Convention entrera en
vigueur à la date où deux États y seront
devenus parties. – **2**. – Elle entrera par la
suite en vigueur, à l'égard de chaque État
et territoire, à la date du dépôt de l'instrument de ratification ou d'adhésion de l'État

intéressé ou de la notification de l'application à ce territoire.

Art. 14. – 1. – L'application de la présente Convention sera divisée en périodes successives de trois ans dont la première partira de la date de l'entrée en vigueur de la Convention conformément au paragraphe 1 de l'article 13. – **2**. – Tout État partie pourra dénoncer la présente Convention en adressant six mois au moins avant l'expiration de la période triennale en cours une notification au Secrétaire général. Celui-ci informera toutes les autres parties de cette notification et de la date de sa réception. – **3**. – Les dénonciations prendront effet à l'expiration de la période triennale en cours. – **4**. – Dans les cas où, conformément aux dispositions de l'article 12, la présente Convention aura été rendue applicable à un territoire non métropolitain d'une partie, cette dernière pourra, avec le consentement du territoire en question, notifier par la suite à tout moment au Secrétaire général des Nations unies que la Convention est dénoncée à l'égard de ce territoire. La dénonciation prendra effet un an après la date où la notification sera parvenue au Secrétaire général, lequel informera toutes les autres parties de cette notification et de la date où il l'aura reçue.

Art. 15. – La présente Convention, dont les textes anglais, chinois, espagnol, français et russe feront également foi, sera déposée aux archives du Secrétariat des Nations unies. Le Secrétaire général en établira des copies certifiées conformes pour les communiquer aux États parties à la Convention ainsi qu'à tous les autres États membres des Nations unies et des institutions spécialisées.

En foi de quoi les soussignés, dûment autorisés par leurs gouvernements respectifs, ont signé la présente Convention aux dates qui figurent en regard de leurs signatures respectives.

**CHARTE DES DROITS FONDAMENTAUX
DE L'UNION EUROPÉENNE
7 DÉCEMBRE 2000**
(extrait)

Chapitre I
Dignité

[...]

Article 5. – Interdiction de l'esclavage et du travail forcé. – 1. – Nul ne peut être tenu en esclavage ni en servitude. **2. –** Nul ne peut être astreint à accomplir un travail forcé ou obligatoire. **3. –** La traite des êtres humains est interdite. [...]

TABLE DES MATIÈRES

Composition PCA / *CMB* Graphic
44400 Rezé

706857 - (X) - OSB 60g - CMB - (HCH)
Achevé d'imprimer en mars 2023 sur les presses de l'Imprimerie CHIRAT
42540 Saint-Just-la-Pendue
Dépôt légal : avril 2006 - N° 202211.0235

Imprimé en France

collection *À savoir*
sous la direction de
É. Pisier et O. Duhamel

Codes noirs, C. Taubira, avec A. Castaldo
Homosexuels. Quels droits ?, J. Lang, D. Borrillo
Le droit des femmes, É. Pisier, avec S. Brimo
Les droits des enfants, S. Royal
Lois et mœurs du rugby, F. Galthié, J. Lacouture
Les discriminations positives, J. Bougrab
L'abolition de la peine de mort, R. Badinter
Le Coran tolérant, D. Boubakeur
Un traité pour l'Europe, N. Sarkozy
Le nouveau Code du travail, A. Lyon-Caen, A. Fabre
Le Président des États-Unis, C. Ockrent,
    avec B. Perreau
Obama, petite encyclopédie, M. Kravetz
Le droit et les Juifs, D. Lochak
Pour la planète, D. Cohn-Bendit, avec É. Gaudot
50 droits contre l'exclusion, M. Hirsch, avec l'ANSA
Paroles de philosophes, L. Ferry
Obama président, petite encyclopédie, M. Kravetz
La révolution numérique, É. Scherer
Les droits de l'animal, J.-M. Coulon, J.-C. Nouët
50 droits des ados, M. Hirsch, avec I. Djordjevic
Les interdits religieux, C. Fourest, F. Venner
Le football. Les lois d'un jeu, L. Vallée
Les mots de de Gaulle, D. Tillinac
QPC, la question prioritaire de constitutionnalité,
    G. Carcassonne, O. Duhamel
Petit dictionnaire de la fraude fiscale, M.-P. Prat, C. Janvier
Paroles de Présidents, J. Lacouture